LETTRES

A

UN PAYSAN

LA RÉPUBLIQUE

LA MONARCHIE — LA VRAIE MONARCHIE

LE PROGRÈS PAR LA MONARCHIE

GENÈVE

GROSSET & TREMBLEY
LIBRAIRES

Mme Vve GARIN
LIBRAIRE

ANNECY

F. ABRY, libraire, r. de l'Évêché, 3.

—

1874

LETTRES

À UN PAYSAN

LETTRES
A
UN PAYSAN

LA RÉPUBLIQUE
LA MONARCHIE — LA VRAIE MONARCHIE
LE PROGRÈS PAR LA MONARCHIE

GENÈVE

GROSSET & TREMBLEY  **Mme Vve GARIN**
LIBRAIRES   LIBRAIRE

ANNECY

F. ABRY, libraire, r. de l'Évêché, 3.

1874

LETTRES

A UN PAYSAN

SUR LA RÉPUBLIQUE.

PREMIÈRE LETTRE.

Les deux camps ennemis.

Mon cher ami, les questions pressantes que vous m'adressez sur la France et sa forme de gouvernement me font une certaine obligation de vous répondre. Elles prouvent d'ailleurs votre perspicacité et un désir vraiment louable d'être utile à votre pays. Je vous en félicite et je vous encourage, car le patriotisme est une vertu, et en France c'est une vertu absolument catholique.

Du reste, en nos temps si agités, le

rôle d'indifférent est par trop indigne.
Être dans un wagon mugissant, qui marche à toute vapeur, et ne pas s'inquiéter si l'on va en avant ou en arrière, si l'on tend à bon port ou si l'on court à l'abîme, c'est évidemment une insouciance qui touche au crétinisme. Tel n'est point votre cas, mon cher ami, et c'est pourquoi je vous adresse mes plus chaleureuses félicitations.

Vous me demandez donc ce qu'il faut penser de la France et de sa forme gouvernementale ; s'il faut désirer la république ou la monarchie ; et, comme elles ne peuvent marcher ensemble, quelle est celle des deux formes qu'il faut adopter et celle qu'il faut combattre ?

C'est parler carrément ; votre demande est franche et laconique ; je vais tâcher d'y répondre avec concision, et j'ajoute avec la plus sûre et la plus invincible conviction. Vous en jugerez.

Toutefois, je ne veux point vous imposer mon opinion par voie d'autorité, je n'ai point cette prétention ; mais je veux vous présenter des arguments dont la clarté irrésistible s'impose à toute raison saine comme à toute conscience droite.

Je constate tout d'abord qu'il y a ou qu'il y a eu dans le peuple français et savoisien une foule de citoyens qui ont hésité ou qui peut-être hésitent encore sur la forme de gouvernement à adopter. Néanmoins, remarquons le attentivement, s'ils inclinent vers l'une ou vers l'autre des deux solutions qu'on leur présente, c'est toujours avec la condition essentielle, première et absolue, que la forme définitive ne nuira aucunement au catholicisme. Veulent-ils la monarchie ? C'est qu'ils la croient plus favorable à la religion. Veulent-ils la république ? C'est toujours en exprimant ou en sous-entendant qu'elle sera chrétienne ou tout au moins qu'elle ne sera pas anti-chrétienne. C'est pour eux une condition absolue et sans appel.

Par conséquent, montrez qu'une des deux formes, la république par exemple, est la guerre à Dieu et à la religion, sous des masques politiques, alors ils repousseront cette république, ils la réprouveront et ils la maudiront, parce que pour eux la religion est avant tout, et de beaucoup avant la république.

Telle est la situation générale de presque tous les habitants des campagnes, c'est-à-dire du pays, de la nation.

Les mauvais sujets le savent bien ; aussi la tactique de certains compères de la révolution est-elle d'affirmer qu'ils n'en veulent point à la religion, quoique tout leur but soit de l'exterminer. Efforçons-nous donc de dévoiler cette méthode de fripons, et de démasquer les cyniques comédiens de cabaret qui trompent cet excellent peuple avec des formules de charlatan.

Avançons toujours, et constatons un second état de choses en Europe, c'est-à-dire la grande guerre qui, depuis longtemps, y est déclarée. Je ne parle point ici de guerre à coups de fusil, mais d'une autre beaucoup plus grande, plus formidable et plus meurtrière, la guerre entre l'Eglise et la révolution, entre la société même politique, constituée d'après la morale chrétienne, et la société des impies constituée d'après la morale maçonnique.

Ecoutez ces paroles qui font horreur : « Notre but final est celui de Voltaire et de la révolution française : l'anéantissement à tout jamais du catholicisme et même de l'idée chrétienne. » (Instruction secrète donnée aux loges maçonniques.)

Et un autre frère de la même trempe ajoute avec aplomb :

« Dans l'espace de quelques années,

nous avons considérablement avancé les choses. La désorganisation sociale règne partout ; elle est au nord comme au midi. Tout a subi le niveau (maçonnique) sous lequel nous voulions abaisser l'espèce humaine... En Suisse comme en Autriche, en Prusse comme en Italie, nos séides (les agents de la révolution) *n'attendent qu'un signal* pour briser le vieux moule.... La Suisse se propose de le donner, mais les radicaux helvétiques ne sont pas de taille à conduire les sociétés secrètes à l'assaut de l'Europe. *Il faut que la France imprime son cachet à cette orgie universelle.* » (Lettre à **Ru-bin**.... c'est-à-dire correspondance de francs-maçons.)

L'entendez-vous, mon cher ami, ce cri de guerre de la révolution ? Elle veut briser le vieux moule, c'est-à-dire toute la société chrétienne, anéantir le catholicisme et l'Eglise de Jésus-Christ, et pour cette œuvre on trouve que la Suisse n'est pas de taille à donner le signal, et on fait appel à la France pour achever et compléter l'œuvre d'extermination chrétienne.

Que ceux qui ont des oreilles entendent ; il me semble que ces éclairs de la foudre doivent faire voir les aveugles.

Enfin, quoi qu'il en soit, la lutte est

puissamment engagée. Elle est à outrance entre la religion et la révolution. C'est inconciliable et irréconciliable. Ici la société du Christ et là celle des Antechrists : d'un côté la génération des enfants de Dieu et de l'autre les bataillons de Satan. C'est inutile, c'est stupide et criminel de fermer les yeux, la bataille est immense ; elle décidera bon gré mal gré et du sort de la France qui vous occupe, et du sort de la religion et de votre liberté.

Si les chrétiens l'emportent contre les barbares de la révolution maçonnique, c'est le salut de la noble France se relevant grande et fière, et le triomphe de la religion et de toute la société chrétienne.

Si au contraire la barbarie révolutionnaire a le dessus, préparez-vous, mon cher ami, à gémir sur la religion de vos pères qu'on veut étouffer, et à rayer de la carte la grande nation catholique qui fut la France.

Le sort en est jeté ; vous tomberez vaincus et esclaves sous la domination hideuse de la grande ennemie ; et vous, catholiques, vous ne serez pas même bons à cirer les bottes des gredins qui ont juré l'extermination de votre race.

La grande guerre entre le christianism

et la révolution : tel est, mon cher ami, le second fait que je tenais à constater avant d'aborder notre sujet de front. Il est important ; c'est la clef même de tous les événements modernes. Si vous ne la possédez, ne discutez jamais politique, parce que vous ressembleriez à un fou qui enseigne la sagesse ou à un aveugle qui parle de couleurs.

Je vous laisse avec ces pensées préliminaires. Bientôt nous entamerons la grosse question que vous m'avez posée. En attendant, je vous exprime les sentiments d'un ami dévoué.   X.

DEUXIÈME LETTRE.

L'illusion populaire.

Mon cher ami, si vous avez bien compris ce que je vous disais hier, vous devez vous figurer deux ennemis qui se regardent. Le camp des Philistins de la révolution, composé de tous les francs-maçons, communards, socialistes, libres penseurs et voltairiens de toute nuance,

dont le but est l'extermination du catholicisme et de toutes les bases chrétiennes de la société.

D'autre part, le camp des chrétiens et
de tous les honnêtes conservateurs se
barricadant pour arrêter le carnage de
l'athéisme sanglant qui s'avance armé de
blasphèmes et de haine. Notre but est de
défendre la religion et la justice sociale
outragées.

Dans une troisième position, représen-
tez-vous un groupe de citoyens, bons chrétiens au fond, mais trop peu clairvoyants
et trop israélites. Ils ne connaissent pas
le camp sauveur de leurs amis qui doit
les délivrer de la tyrannie des pharaons
révolutionnaires.

C'est auprès de ceux-là qu'il faut ré-
pandre la lumière.

Vous me demandez donc s'il faut admettre la république, si elle n'est pas
une excellente chose, et pourquoi enfin
les catholiques font une opposition aussi
acharnée à cette forme populaire de gouvernement.

Mon cher ami, je vous demanderai à
mon tour : Pensez-vous donc que les catholiques ne sachent pas distinguer le
bien du mal, et discerner ce qui leur est
contraire de ce qui leur convient ? Il faut

être passablement téméraire pour se croire plus intelligent qu'eux, et résister à ce
mouvement universel de l'opinion catholique.

Du reste, on se méprend beaucoup sur
nos idées. Nous ne sommes pas systéma-
tiquement ennemis de la république et
du *principe* républicain. En voulez-vous
une preuve de fait ? En 1872, le 12 mai,
les catholiques suisses, au nom de leur
conscience, ont rejeté la révision fédérale.
Or, savez-vous pourquoi ? Justement parce
que cette révision détruisait la république,
et la remplaçait par une forme déguisée
de monarchie. Donc, il est évident que
les catholiques ne sont pas en *principe*
les ennemis jurés du système républicain.
La Suisse du 12 mai en rend témoignage,
ainsi que le patriotisme républicain de
nos catholiques d'Amérique.

Nous avons trop d'esprit pour nous
attacher absolument à une forme quelconque, indépendamment des personnes
et de leurs principes. Aucune forme gouvernementale n'est théoriquement absolue, ni la monarchie, ni la république.
La meilleure est celle qui convient le
mieux au caractère d'une nation, que
cette forme soit monarchique ou républicaine. Pourvu qu'elle fasse le bien et

le laisse faire librement à chacun dans sa sphère respective, c'est tout ce qu'il nous faut. Quand aucun principe ou aucun droit n'est violé, nous ne devons pas tenir à la forme pour la forme, mais pour le bon résultat et le bien public.

Voilà qui est loyal ; c'est le principe même des catholiques ; il est large comme la vérité et élevé comme le ciel. Vous avez trop de bon sens pour n'en pas admirer la beauté.

Pour répondre encore à votre demande, vous me permettrez de nouveau une petite leçon. Ne vous en plaignez pas, vous l'avez sollicitée. Je vous reproche donc, mon cher ami, de parler de la république d'une manière trop générale. Crier à tue-tête qu'on veut la république, une république en général, sans faire attention aux *espèces de républiques* qui peuvent se présenter, cela peut provenir d'un bon cœur, mais, je dois vous le dire, c'est une parole d'étourdi.

Je me figure un honnête paysan allant au marché pour acheter de la semence en général.... Il demande du grain, il lui faut du grain, du grain ; c'est bien résolu. Si, moi, j'avais un conseil à donner à cet honnête fou, je lui dirai d'examiner quelle *espèce* de grain il demande ;

si c'est du chanvre, du trèfle, ou du froment ou du sable, car il y a grain et grain, dans le monde et au marché. Ensuite je lui dirais de regarder, avant de crier, s'il y a réellement du grain et *de ce grain-là* sur la place de la foire. Toute conduite contraire suppose une toquade.

Or, telle est pourtant la sottise de la plupart de nos républicains catholiques dans les rangs du peuple. Ces bons israélites chrétiens bâtissent une petite république personnelle dans leur cerveau léger et, s'extasiant devant ce rêve de leur composition, sans même regarder si le pays peut leur en fournir la réalité, ils crient comme d'honnêtes imbéciles : « *La république, la république !!* » Je serais tenté de leur répondre : *Du foin, du foin.*

Soyons donc plus sérieux, la question est infiniment pratique, et non point idéale. Or, la question pratique se résume dans la thèse suivante :

La république ne vaut que ce que valent les républicains.

Si bons républicains, honnêtes, chrétiens, et surtout non révolutionnaires et athées, alors, vive la république !

Si, au contraire, mauvais républicains,

impies, ennemis enragés de Dieu et de l'Eglise et de toute société sur des bases chrétiennes, alors, à bas et mille fois à bas la république !

Le mot *république* est comme le panier d'une cuisinière, on met dedans tout ce qu'on veut. Il faut constater avant de prendre, sauf quoi, l'odorat peut se repentir.

C'est donc une question de fait ; examinons-la, ce sera l'objet d'une prochaine lettre.

Tout à vous.   X.

TROISIÈME LETTRE.

La République est avec la révolution contre les catholiques.

Mon cher ami,

C'est donc bien entendu. Désirer la république, *in genere*, indépendamment des républicains, de leurs chefs et de leurs principes, c'est ne savoir ni ce que l'on fait, ni ce que l'on dit. C'est se perdre dans la théorie, et s'égarer dans les nuages d'une idéale rêverie.

Allons, mon ami, du bon sens, s'il vous plait. Le blé a beau être excellent en théorie, si celui que vous voulez marchander se trouve pourri, vous l'envoyez promener.

Appréciez de même la république, non point en théorie, car cela ne peut pas être en question, mais sur le terrain des faits et des personnes ; toute la question est là.

Comment donc s'y prendre pour apprécier et constater la valeur, soit la qualité de *cette* république, offerte sur le marché de la France ? C'est ce que nous allons voir. Un peu de réflexion suffit.

Une république, n'est-il pas vrai, ne vaut que ce que valent les républicains. Un composé ne vaut qu'en raison des composants, et une société en raison de ses membres. — Avec de bons soldats, vous avez une bonne armée, avec de beaux épis, vous avez un beau champ de blé.

Au contraire, supposez de mauvais épis et de mauvais soldats, vous n'obtenez, par le fait, qu'une triste moisson et une mauvaise armée. De même, si vous avez des républicains mauvais, révolutionnaires, vous avez par là même une république mauvaise et révolutionnaire ;

parce que le composé ne peut pas valoir plus que les composants. C'est d'une évidence mathématique.

Donc, il n'y a qu'une question à traiter pour avoir la valeur de la république et savoir si un catholique doit l'admettre ou la rejeter, et cette question est celle-ci : Quelle est la valeur catholique des républicains ?

En d'autres termes : En présence des deux grandes armées opposées, en présence des deux camps, celui de la révolution avec ses bandes impies, et celui du catholicisme avec l'Église de Dieu, quelle est la position des républicains de France ? Ces républicains sont ils avec les catholiques contre la révolution, ou sont-ils avec la révolution contre les catholiques et toute la grande société chrétienne ?

Vous le comprenez bien : tout est là, et pour un catholique, tout, absolument tout, dépend de cette question.

Je réponds catégoriquement et je mets au défi de me contredire tous nos adversaires de la Savoie et de l'Europe.

Je réponds donc : Les républicains de France sont, en masse et à flots serrés, pour la révolution, c'est-à-dire pour l'extermination du catholicisme, de toutes nos libertés catholiques, et pour le renversement des bases chrétiennes de la société civile.

L'accusation est infiniment grave ; donnons des preuves infiniment convaincantes. C'est d'ailleurs une question d'histoire contemporaine.

Nous connaîtrons les sentiments et les pensées des républicains par leurs actes extérieurs, leurs assemblées, leurs chefs, leurs journaux, leurs œuvres et leurs programmes, qui d'ailleurs n'en sont que la révélation.

Or, ces actes révélateurs sont essentiellement de l'ordre révolutionnaire, et en placent les auteurs, qui sont les républicains, en dehors de la société chrétienne.

1° D'abord, *leurs assemblées*, quels qu'en soient les noms et les diverses dénominations. Depuis la *gauche* de Versailles, jusqu'aux conseils municipaux de cette nuance, jusqu'aux clubs secrets ou publics de villes et de villages, c'est partout un mouvement de haine et d'hostilité contre l'Eglise. N'avez-vous pas lu ces explosions de colère des *gauchers* versaillais contre le concile, et surtout dernièrement contre l'érection d'une église dédiée au Sacré-Cœur ?

Qui ne connaît les grôléens de Lyon, ces républicains enragés qui ont fait trembler tous les catholiques honnêtes de la cité de Fourvières ? Je ne puis parcourir toutes les sociétés rouges de France ; je ramène seulement votre attention vers ces clubs républicains de village, et je vous dis : Examinez ces voltairiens et ces philosophes à courte veste qui les composent, et vous me direz si ces petits barbares ne sont pas la haine de Dieu et la guerre à l'Eglise ?

2° *Leurs journaux.* Ils sont la distillation quotidienne du venin contre tout ce qui sent le catholique. Rien n'est respecté par cette nuée de feuilles plus ou moins grivoises ou impies. C'est à qui mieux mieux dans ce concert de vipères. Vous entendez tour à tour le *Siècle,* le *Temps,* le *Radical,* et, pour n'aller pas si loin, le *Faucigny,* les *Alpes,* le venimeux *Patriote* de Chambéry, dont on ne peut arrêter l'impiété et la fureur immonde qu'avec des amendes et des mois de prison. Je ne saurais mieux faire, pour vous dépeindre ces fanatiques anti-chrétiens, que de vous citer les paroles de Joseph de Maistre caractérisant Voltaire : « Il n'y a pas de fleur dans le jardin de la religion, qui n'ait été souillée par cette chenille » aujourd'hui la presse républicaine

3° *Leurs hommes.* Leurs chefs, ou les nullités qui veulent se distinguer dans cette république de cocagne. Ici, il n'y a qu'à nommer. Je cite en premier lieu les héros de l'assassinat, du vol et toujours du concubinage, tels que les Rochefort, les Delescluze, Gaillard, Vermesch, sans oublier le fameux Ranc, élu député, quoique chef d'assassins. C'est une tache indélébile sur le dos de la république. Le tribunal de guerre vient de condamner à mort le député républicain. Ah ! c'est de la belle espèce ! — Viennent puis les amis de ces honorables consorts, M. *Thiers*, qui a fait saccager l'archevêché de Paris, et qui a composé un livre pour exalter les sinistres figures de la révolution ; *Barodet*, le sans-culotte de Lyon, qui a créé les *écoles Sans-Dieu* ; *Gambetta*, l'homme de la *quatrième couche sociale*, c'est-à-dire de l'internationale ; *Challemel-Lacour*, le gaspilleur et le fusillard ; *Tolain*, l'internationaliste, etc., etc. Je vous dis que c'est une vraie bande du diable. Je vous laisse le soin d'en compléter le nombre. Vous trouverez leurs noms dans les journaux voltairiens.

Cependant, je ne veux pas oublier le

palefrenier de l'état-major, l'hôte de Carteret, le député vraiment genevois, le
correspondant malheureux, l'épistologra-
phe de Thonon, l'aimable jocrisse de
Gambetta, et, pour tout dire, le duc de
l'île de Pondichéry, M. l'illustre Ta-
berlet.

En voilà un charmant républicain cagot!
Après avoir considéré ses compatriotes
comme des idiots, et insulté ce qu'il y a
de plus respectable dans ce qui fut sa
religion, car c'est un apostat, il conseille
aux Savoyards « *l'abandon irrévocable de
leurs dogmes* » (Lettre à Mgr Mermillod)
pour embrasser — vous ne sauriez deviner quoi ? — le libre examen, c'est-à-
dire le protestantisme. Esculape, Escula-
pe, le collége d'Evian ne t'a pas fait
assez manger d'ellébore ! Tu n'étais que
le caudataire de ta classe et maintenant
tu n'es que le jocrisse de la révolution.

Leurs œuvres valent leurs hommes.
Aux fruits on connaît l'arbre. Trouvez-
moi en France un attentat quelconque
contre la religion qui ne soit le fait de
ces gens-là. Outre leurs journaux inso-
lents, admirez ces parodies cyniques dans
leurs enterrements civils, pour lesquels
ils vont jusqu'à acheter des cadavres
d'enfants pauvres. Considérez leurs ex-

ploits sauvages dans différentes villes contre les pèlerins de Lourdes et de La Salette. Les républicains de France valent ceux de Genève lors des Allinges. Qui a contrarié les écoles catholiques, abattu les crucifix, fermé les établissements des Frères, empêché des processions, insulté les institutions religieuses ? Des républicains et toujours des républicains.

Ah ! belle république, nous te connaissons. Tu persécutes nos frères de la Suisse, tu chasses leurs évêques, tu emprisonnes les curés. On vole leurs églises, on met à l'amende les simples fidèles (Soleure et Jura), on y bafoue les droits, les constitutions, la liberté, la conscience, tout ce qu'il y a de plus sacré au monde, et toi, république française, par tes membres et tes amis, tu soutiens ces actes de sauvagerie, tu ricanes, heureuse et contente de cette tyrannie religieuse, et tu ne flétris pas les républicaines polissonneries de Genève et du Jura ? Nous te connaissons désormais par tes actes à l'intérieur et à l'extérieur ; nous te réprouvons, parce que tu n'es pas la république, mais tu n'es que la honteuse révolution.

Concluons donc de ces données constantes et universelles : Tous les actes publics des républicains français, en tant qu'ayant rapport à la religion, sont des actes impies et révolutionnaires.

Leurs assemblées, journaux, programmes, et leurs œuvres publiques en sont la preuve irrécusable. C'est un fait ; on ne peut pas nier l'histoire.

Donc, la république française est essentiellement avec la révolution hideuse contre le catholicisme et toute la société chrétienne.

Voilà pourquoi elle comprend dans son cadre tous les mauvais sujets des villes et des campagnes, tous les tarés qui encombrent les faubourgs et les communes de France. C'est, à part quelques honnêtes dupes qu'il faut détromper, un véritabel amas d'immondices sociales.

Du reste, examinez, vérifiez vous-même, puisque vous êtes de ce monde, et vous reconnaîtrez ce qui se passe sur notre planète. Dites-moi : quelle différence entre républicains et révolutionnaires, en France ? En général, point. Quelle différence entre république et révolution ? Absolument point. Y a-t-il au moins un groupe de révolutionnaires en dehors de la république, et qui ne soient pas républicains ? Mille fois non. Car *tous* les révolutionnaires sont dans la république et sont républicains. C'est absolument incontestable. Il en résulte donc que la révolution, c'est la république, et la république la grande armée de la révolution.

Je réponds donc, mon cher ami, à votre question première. Vous me demandiez s'il fallait admettre ou rejeter la république. Ma réponse est aujourd'hui très-simple. Voulez-vous combattre la religion, la ruiner, l'anéantir ? Alors, entrez dans la république, cette forme actuelle de la révolution qui brise le pape à Rome, les évêques en Suisse, et qui brisera les catholiques en France. Si donc vous voulez faire l'impie, le moyen est tout trouvé : mettez-vous avec les impies, c'est-à-dire avec la république de France.

Voulez-vous au contraire soutenir l'ordre, la morale, la religion, et toutes les bases menacées de la société chrétienne ? Alors, c'est très-simple, entrez dans le camp opposé à la révolution, dans le camp chrétien et catholique, pour soutenir les principes et la bonne cause. C'est d'ailleurs un devoir de conscience, un devoir actuel et pressant. Le danger est grave ; les fils du Christ sont menacés par les hordes de l'Antechrist. Aujourd'hui la nonchalance est un crime ; aussi je m'indigne contre ces lâches qui conseillent l'inaction honteuse sous prétexte

2.

d'une modération qui est le masque de la stupidité.

Quant à moi, cher ami, sachant que la révolution veut se servir de la France pour donner le grand coup à l'Eglise, et voyant la république n'être que la révolution, un véritable ramassis de francs-maçons, de grossiers impies et de tous les vauriens de la France, qui veulent découronner l'Eglise et la morale, alors j'embouche le clairon et je prends la trompette d'alarme, et je crie, comme le prophète, aux quatre vents du ciel : Catholiques, opposez-vous énergiquement à ces républicains, parce qu'ils ne sont que les grands trompeurs du peuple ; ce sont des contrebandiers qui, sous le voile de la république, passent des choses défendues, et introduisent dans votre pays l'arsenic de la révolution qui doit vous empoisonner et vous détruire.

Je vous laisse, mon cher ami, avec les accents de l'indignation chrétienne contre cette farce impie des républicains de France, et je vous dis avec affection : Au revoir, et soyons unis contre la grande ennemie.   X.

QUATRIÈME LETTRE.

La moralité de la République.

Mon cher ami,

Vous l'avez remarqué, j'ai fait le procès à la république de France en me plaçant exclusivement au point de vue religieux. La démonstration n'est appuyée que sur des faits notoires et publics ; elle défie toute contradiction sérieuse. Ce sont les républicains eux-mêmes qui m'ont fourni les preuves contre eux-mêmes. Leurs œuvres sont leur acte d'accusation. Que voulez-vous de mieux ? Il reste donc indubitable et évident que la république française n'est que le masque de la grande révolte maçonnique et l'application sociale et politique de l'impiété libre penseuse. Pour parler encore plus simplement, cette république n'est que la grande armée de l'irréligion, c'est prouvé par des actes. Or, je vous le demande : Pouvez vous en conscience faire partie d'une telle armée ? Un fils peut-il trahir sa mère, un citoyen sa patrie, et un catholique l'Eglise de Jésus-Christ? Encore une fois, interrogez votre conscience et consultez votre honneur, et ils vous répondront que le métier de Judas ne fut jamais honorable, parce que c'est le métier d'un traître et d'un bandit.

Ces considérations doivent vous suffire et au-delà, car aucun enfant de l'Eglise ne voudrait commettre le forfait que je viens d'énoncer. Vous ne trahirez pas, j'en suis sûr ; toutefois, mon cher ami, ce n'est pas assez ; vous devez user de toute votre influence afin d'empêcher que des catholiques ignorants ne se trahissent eux-mêmes, en trahissant l'institution de Jésus-Christ.

Epargnez ce malheur à vos frères et surtout à votre patrie; on ne saurait moins attendre d'un bon citoyen et d'un véritable catholique.

Mon cher ami, ma tâche serait achevée sur la république, si je m'en tenais au plan que je m'étais proposé de ne la montrer que sous son aspect religieux, c'est-à-dire irréligieux.

Je sens pourtant le besoin d'élargir le cadre et de refouler les oripeaux et les mensonges dont elle se pare pour mieux tromper le peuple honnête des campagnes.

Elle a beau afficher ses prétentions insolentes, la république n'est point la liberté, ni le patriotisme, ni l'honnêteté, ni la paix publique.

La liberté! La république, étant la révolution, ne peut être la liberté, elle n'est pas même la simple et médiocre tolérance; elle est l'écrasement, et l'écrasement sans pitié. Elle a inventé la guillotine pour mieux faire son horrible besogne. Aujourd'hui c'est la fusillade au son des tambours.

Elle nous a montré comment elle entendait cette liberté, en assassinant les catholiques à Paris, ce centre républicain; à Lyon, Marseille, Toulouse, etc., en arrêtant les gens honnêtes, en abattant les crucifix, en fermant nos écoles catholiques. Partout la tyrannie la plus frauduleuse.

N'est-ce pas elle, la république française, qui appuie les tyranneaux de la Suisse dans leurs exploits honteux contre nos frères de l'Helvétie? N'est-ce pas elle qui ose vous proposer les plans de *future* persécution dans le programme de l'enseignement laïque, obligatoire? L'enseignement *laïque!* c'est l'enseignement de l'athéisme révolutionnaire devenu *obligatoire*, entendez bien? c'est l'ex-

clusion de toutes nos écoles religieuses,
et de tout enseignement catholique . c'est le
mépris des familles et le vol officiel des
enfants.

Et vous appelez cette république la liberté ! Allons donc , appelez-la de son
vrai nom. un gouvernement d'escamoteurs
révolutionnaires et de mandarins gaulois.

Le patriotisme ! Eprouvez-le donc. Si
vous pouvez suivre un raisonnement, je
vous dirai : Deux échalas égaux à un
troisième sont égaux entre eux. C'est
mathématiquement vrai. Veuillez y ré-
fléchir. Or, quels sont en France les
projets politiques les plus contraires à
la patrie et les plus ressemblants aux
projets du grand ennemi de la France, le
prussien Bismark ? ce sont les projets républicains Pour prouver qu'ils se res-
semblent, je vais prouver qu'ils se ras-
semblent. Où donc ? en Suisse. — La
Suisse, cette petite grenouillère républicaine, n'est en ce moment qu'une pré-
fecture de la Prusse. Elle exécute tous
les plans de Bismark : Comme lui, elle
traque les évêques, elle persécute les catholiques, elle vole leurs églises, elle insulte à leurs droits et à leur liberté ..
Voilà le fait ; c'est public ; pas une laitiè-
re en Europe qui ne le connaisse.

Or, qui approuve? D'un côté Bismark, et de l'autre les républicains de France. Faut il encore prouver? Ouvrez leurs journaux; examinez la conduite de certains députés, et vous en trouverez qui louent publiquement le Conseil d'Etat genevois et le cynique Carteret de ses républicaines tyrannies.

M. Thiers vient-il en Suisse? Il est en grande intimité avec ces tyrans. Il est exalté et chanté par tous les petits bourreaux de la république. J'arrête mon énumération, parce que les faits sont constants. L'alliance est intime, la solidarité est complète.

La Suisse est soutenue par la Prusse d'un côté et la république française de l'autre.

C'est l'union des Prussiens et de vos républicains de France sur la poitrine débraillée de la Suisse. Et vous trouvez que cette rencontre est patriotique? Eh bien! moi, je vous dis, en vous montrant le fait du doigt, ou des deux doigts, si vous préférez, je vous dis que la politique de vos républicains sera, puisqu'elle l'est déjà, une politique absolument prussienne.

Même plan, même tyrannie, même politique générale, partout l'effrontée révo

lution maçonnique avec ses griffes sanglantes.

Regardez bien, mon cher ami, sous la
robe républicaine, et vous y verrez, comme en Suisse et en Prusse, même peau de
loup et même pied de bouc.

Allons, ce républicanisme n'est pas du
patriotisme, parce que c'est du révolutionnaire et du prussien.   •

La morale et l'honnêteté ne sont pas
davantage avec la république. Celle-ci est
l'athéisme personnifié, la négation théori-
que ou tout au moins pratique de Dieu, et
vous voudriez qu'elle fût la morale ! Comment, la morale sans Dieu, sans religion !

On coupe la racine de l'arbre et on
vous fait croire qu'il donnera des fruits
et de plus beaux fruits, et vous croyez !

On abat la religion et la notion de
Dieu, cette unique racine de la morale, et
on vous dit qu'il en sortira, de l'arbre
tronqué, déraciné, de plus beaux fruits
d'honnêteté, d'ordre et de justice, et vous
croyez encore ! Et vous ne voyez pas que
ces faux républicains vous prennent pour
des imbéciles ! Faites vous donc respecter de ces singes de révolutionnaires, et
donnez une chiquenaude à ces républicaines bêtises, qu'on vous débite sérieuse-
ment.

Du reste, prenez leur morale sur le fait, et en flagrant délit. C'est dans leurs rangs que vous trouvez les communistes, hurlant aux quatre vents du ciel : La propriété c'est le vol ; et : Il faut le partage des biens, la famille et le mariage ne sont qu'une tyrannie, etc., etc.

C'est dans leurs rangs que vous trouvez des applaudisseurs fanatiques exaltant toutes les coquineries qui se commettent en Europe.

Vole-t on les domaines du Pape, et jusqu'à ses propriétés privées ? la république crie : *bravo !* Pille-t-on les biens des communautés catholiques, c'est encore *bravo !* En Suisse, on dépouille les fidèles de leurs églises, des édifices municipaux, malgré les protestations des laïques et des communes, et toute la clique républicaine de France se frotte les mains et crie des bravos à faire fendre les pierres.

Est-ce vrai, cela, oui ou non ? Répondez, ne sont-ce pas des faits actuels ? Allons donc encore une fois, baptisez ce gouvernement comme il convient et appelez-moi ça « une république de voleurs. »

L'instruction est-elle au moins le fruit de la république ? Dites-moi, mon cher ami, n'est-il pas vrai que vous l'avez cru ?

Les impertinents que nous combattons ici n'ont cessé de répéter qu'ils étaient la science et la lumière. Que faut-il leur répondre ?

Ah ! ces impudents, il faut les écraser avec des faits publics.

Voilà des années et des années que les libres penseurs, aujourd'hui les républicains, jouissent de toutes les faveurs officielles, à tous les degrés de l'enseignement, supérieur, secondaire et primaire ; bien plus, ils avaient le monopole de l'enseignement supérieur. L'université leur appartenait ; les catholiques, quoique en majorité en France, n'avaient pas le droit d'avoir leur université ; ils étaient obligés de subir bon gré mal gré l'enseignement universitaire, tenu par la minorité libre penseuse.

Les révolutionnaires étaient maîtres absolus. Donc la belle occasion d'étaler leur science et la grande lumière dont ils se disent dotés !

Vous pensez peut-être que ces charlatans ont illustré la science ? détrompez-vous. Ils ont déshonoré la France, et il n'y a qu'un cri en Europe contre l'abaissement de l'enseignement universitaire. Libres penseurs, républicains, qu'avez-vous fait de l'enseignement supérieur ?

Qu'avez-vous fait? Qu'avez-vous fait? Nous le savons bien : Vous ne connaissiez pas même la géographie. Ah! les Prussiens ont fait des gorges chaudes de votre splendide ignorance!

Pour l'enseignement secondaire, les colléges, les écoles préparatoires, le bilan est le même. Partout la supériorité nous reste, ô vaillants libres-penseurs!! Vous êtes incapables de lutter avec nos colléges et avec les établissements des jésuites. M. Duruy a été obligé d'en faire l'humiliant aveu, malgré sa haine contre nous et nos institutions.

Quant à l'enseignement primaire, ah! c'est trop beau d'en parler! Sur ce terrain, vous n'êtes que des cadets républicains. Chaque année, dans les concours publics, nos écoles catholiques ont des succès qui vous laissent mille ans en arrière. Pour ne parler que des Frères de Paris, voilà plus de vingt-cinq ans qu'ils dominent, par leur science, toutes les écoles laïques de la grande cité. De 1848 à 1871, ils ont obtenu 802 bourses, et les écoles laïques n'en ont obtenu que 173. Savez-vous qui a publié ces pièces instructives? l'inspecteur général de l'enseignement primaire. Aussi M. Jules Simon, quoique membre de l'Internationale, sous le n° 606, et aujourd'hui résolu républicain, ne put-il s'empêcher de rendre témoignage à l'enseignement catholique. Voici ses paroles : « *Les résultats de l'enseignement libre* (c'est le nôtre *principalement*) sont presque *partout supérieurs* à *ceux* des *établissements* qui dépendent de nous. » Circulaire de juin 1871.

C'est donc un fait avéré, authentique, officiel, proclamé par nos ennemis, même par des révolutionnaires. Nous sommes *supérieurs* aux républicains dans les différentes branches de l'enseignement.

Quand donc ces petits charlatans de village vous diront que la République c'est l'instruction et le progrès, moquez-vous de ces effrontés : ce sont des nègres qui se croient blancs, et des chauve-souris qui se disent la lumière.

Mon cher ami, je n'ai pas besoin de vous annoncer que la République serait le contraire de la *paix sociale*. La révolution n'est pas la paix, c'est la guerre universelle. Elle serait l'appui de toutes les factions qui troublent l'ordre dans les pays voisins, et une véritable conflagration civile dans l'intérieur de la France.

Vous auriez la paix *comme* en Suisse, un vrai régime de Mandrins aux petits pieds

Du reste, c'est visible. Ce qui s'est ac-- compli sous M. Thiers doit vous éclairer.

Dans cette *République*, gouvernée par le *petit bourgeois*, vous aviez tous les éléments de paix : de récentes épreuves, une Assemblée conservatrice, un chef républicain, modéré dans son genre, tout ce qu'il fallait, semblait-il, pour être tranquille, et n'avoir pas à craindre le débordement de l'Internationale et de la révolution. Jamais vous n'aurez mieux ; jamais en république vous n'aurez autant ; toujours, et infailliblement toujours, vous aurez pis.

Or, avez-vous eu la sécurité, le calme, ou bien l'envahissement formidable de l'Internationale menaçante ; vous avez vu le *petit bourgeois* et son gouvernement débordé, et absolument débordé aux élections ;

Ses candidats républicains modérés, mis de côté avec un transcendant mépris ; ses projets tournés en dérision par la radicaille victorieuse ;

L'Internationale a triomphé dans la *Somme*, en faisant passer Barni, l'ancien président du Congrès garibaldien à Genève, d'odieuse mémoire ;

A Paris, en nommant Barodet, l'infâme organisateur des orgies lyonnaises, contre tout honneur et toute pudeur ;

A Lyon, en faisant triompher le sinistre Ranc, qui avait signé le décret d'assassinat contre les ôtages, un chef d'assassins, s'il vous plaît! et qu'on vient de condamner à mort.

Voilà les petites infamies, sous le bienfaisant régime de la République modérée.

Elles ont épouvanté la France et motivé la chute du maigre bourgeois qui promettait de nous sauver, en nous laissant périr.

Or, je vous le demande, si avec de telles chances de paix, nous avons pu avoir de telles menaces de mort, par l'invasion de ces internationaux, que deviendrions-nous sous une république où toutes les chances précitées auraient disparu ?

Puisque le navire républicain se remplissait d'eau et nous inondait, dans les conditions les meilleures possibles, qu'en sera-t-il lorsqu'il sera parmi les foudres et les tempêtes, au milieu de l'Océan, et dans les flots courroucés de la mer *rouge?*

Vous le devinez sans peine, il roulera ses passagers dans l'abîme, et les livrera en pâture aux requins immondes de la dernière couche terrestre.

Voilà, mon cher ami, qui doit préoccuper votre pensée, si, comme je crois, vous en avez une. Vous ne monteriez pas

sur une barque qui fait eau de toute part ;
je voudrais bien savoir si votre jugement
vous permettrait d'entrer dans une galère
de république qui s'enfonce et qui a déjà
chaviré plusieurs fois ?

En attendant que l'expérience nous le
démontre et constate, je l'espère, la rec-
titude de votre esprit, je résume la pensée
de cette lettre.

La République française n'est point la
liberté , ni le patriotisme, ni l'honnêteté,
ni l'instruction, ni la paix sociale ; elle
est, disons-le avec la voix de la foudre,
elle est le despotisme prussien, la haine
allemande contre la France, l'immoralité
impudente, le vol légal, l'ignorance let-
trée, et le sanglant carnage de la Commune de Paris.

Je n'ai plus qu'un *mot à dire : Guerre*
à cette bête immonde qui veut détruire
l'Eglise et qui veut salir la France.   X.

CINQUIÈME LETTRE.

Internationale et République.

Mon cher ami,

Un catholique et même un simple conservateur, s'il est intelligent, ne peut admettre la république de France, composée de *tels* hommes et de *tels* principes, parce que ces hommes et ces principes sont l'impiété, l'internationale et la révolution. C'est suffisamment dit et prouvé. Toutefois, on n'est point à bout de preuves ; car nos adversaires se chargent de nous en fournir tous les jours de nouvelles, et de nous démontrer que la république, l'internationale et le désordre sont absolument solidaires. Voulez-vous entendre le fait proclamé par le journal

des communards, dit le *Père Duchêne*?
Dans un numéro de la fin d'octobre, cette
feuille imprimée en Angleterre, où se
sont réfugiés quelques-uns des brigands
de Paris, nous raconte la satisfaction
qu'elle éprouve de voir venir M. Thiers
avec sa république. C'est à méditer :

« Eh bien oui ! nom de nom, dit ce
journal pétroleux, je suis bougrement
content du petit Foutriquet (le petit
Thiers)... Il vient de réparer ses torts...
Il a tendu ses pattes (aux amis de la
Commune) et ils ont tapé dedans. C'est
bien, ce que tu as fait là ; tu les as lâ-
chés (les conservateurs) et tu viens à
nous. Tu marches sous la chouette ban-
nière de Gambetta (de l'internationale).
Tu fais du bien à la bonne cause (celle
des communards).

« Le *Père Duchêne* te bénit (! !), il te
regarde de loin en criant : Va de
l'avant, mon vieux ! »

Voilà qui est clair et catégorique. Cependant un fait nouveau vient encore de
corroborer cet aveu et de lui donner une
interprétation qui fait trembler. Je veux
parler du complot républicain de Lyon,
qui étendait aussi ses trames sur toutes les villes méridionales. Il ne s'agis-
sait rien moins que de créer une fédé-

ration du Midi et de briser la France.

Voici, d'ailleurs, une partie textuelle de leur programme, qu'on devait exécuter immédiatement après le triomphe de la gauche et l'établissement de la république.

« Proclamation de la Commune : suppression des cultes ; suppression des codes (des lois) ; séquestration des biens du clergé (ce qui veut dire confiscation de tout ce qui sert au culte catholique)..., et enfin fédération du Midi avec Lyon pour capitale. »

Vous le voyez ; tout est prêt, tout est déclaré et tout est découvert. Vienne seulement la république, et vous apprendrez à vos dépens ce que c'est que la révolution.

Je m'arrête là-dessus ; j'en ai suffisamment dit pour vous éclairer si vous êtes de bonne foi. En conséquence, on ne peut admettre la république ; tout nous le défend, la raison, la conscience et le patriotisme.

Que reste-t-il donc ? Car, enfin, on ne peut être suspendu en l'air, il faut une forme positive et concrète de gouvernement.

Or, des deux qui se sont présentées, l'une, la forme républicaine, ne valant

rien, puisqu'elle nous apporte l'abomina-
ble révolution, il ne reste donc que la
monarchie au choix des honnêtes gens et
des catholiques. C'est la conclusion nécessaire, vous le voyez bien.

Que cela vous plaise ou ne vous plaise
pas, peu importe à la question. Les choses
sont absolument ce qu'elles sont en elles-
mêmes, et vos goûts personnels, à les
supposer contraires, ne changeront pas
la double alternative fondée sur les faits
et sur l'histoire contemporaine.

La république représente l'irréligion,
la révolution et la canaille de France.
C'est une vérité que personne ne peut
mettre en doute.

La monarchie représente les catholiques et les conservateurs ; c'est plus
clair que le jour. Or, les choses étant
ainsi, il faut les prendre telles quelles,
comme vous êtes obligé d'accepter telle
quelle la marche du soleil de l'orient à
l'occident. Vos désirs contraires ne feraient pas plus varier l'état des esprits
en France qu'ils ne feraient rétrograder
le soleil. C'est inutile d'y penser.

Donc, *ou républicain*, alors vous ap-
puyez la rouge et l'internationale, qui
demandent aussi la république ; je viens
de vous le prouver, et vous ne me direz

pas que ceux-là ne comprennent pas la politique. Ils en savent plus long que vous ! Ils ont fait leurs preuves, et vous, mon cher, vous ne faites encore que balbutier.

Ou monarchiste absolument ; absolument, remarquez bien, si vous voulez conserver l'ordre et combattre le radicalisme et l'internationale qui grouillent déjà sur toutes les parties de la France.

Choisissez, il n'y a pas d'autres alternatives. Je défie votre logique d'écha per à ce cercle de fer.

Vous êtes donc un homme d'ordre, et vous tenez à honneur de l'être ; vous voulez la justice et le maintien de la religion pour vous, ou tout au moins pour les autres, parce qu'elle est la condition et la racine même de tout ordre public et de toute morale populaire. Alors, mon cher ami, pas de milieu, il faut la monarchie, qui est en France l'instrument de l'ordre et l'unique garantie de la religion.

Qui veut la fin, veut le moyen ; si vous rejetez l'un, ne venez plus me dire que vous admettez l'autre, parce qu'alors vous lasseriez ma patience et je vous prendrais pour une serinette, sinon pour une seringue. Raisonner contre les faits et la logique ne serait plus que du radotage. Dans ce cas, je prendrais mon chapeau, je m'en irais, et bonjour !

Mais, heureusement, je ne suis point réduit à cette désespérante extrémité. Je m'adresse à un homme de jugement, qui comprend la valeur des mots et des choses, et qui sait découvrir, dans la monarchie, le groupement des éléments qui sauvent, des hommes d'ordre et des principes moraux.

En attendant que nous abordions ce nouveau terrain, — j'allais dire ce nouveau monde, — je vous renouvelle les sentiments d'un ami.   X.

SIXIÈME LETTRE.

La Monarchie révolutionnaire.

Mon cher ami,

Je vais vous parler de la monarchie ; mais expliquons-nous. Il y a casse et casse, disait autrefois le vieux potier de mon village, et franchement il n'était pas sot. J'ajoute après lui : il y a monarchie et monarchie. Il y en a de bonnes et il y en a de mauvaises. Par conséquent, nous n'admettons pas uniquement la forme pour la forme, mais il faut la juger aussi, cette forme monarchique, comme précédemment la forme républicaine, par les hommes qui la représentent et par les principes qui la dirigent. C'est encore une question d'histoire.

Nous avons mis de côté la république, parce qu'elle était révolutionnaire ; nous ferons de même pour toute monarchie qui présentera le même défaut. Je vous le demande : Serions-nous des hommes de bon sens si, répudiant la révolution sous l'accoutrement républicain, nous l'acceptions avec le costume monarchique ? Un singe cesse-t-il d'être singe lorsqu'il endosse la casaque d'un homme ? Non ; pas plus que la révolution ne cesse d'être telle lorsqu'elle devient monarchique ou républicaine. Le singe reste toujours la même bête, et, parbleu, la révolution aussi.

Arrière ce monstre, arrière tous les régimes qui nous l'apportent et s'en font les criminels instruments !

Or, deux monarchies bâtardes ont jusqu'à ce jour régné en France sous les couleurs et avec le principe même de la révolution : la monarchie orléaniste et la monarchie bonapartiste.

Mon cher ami, je n'insisterai pas sur la première. L'honneur et la conscience de ses représentants l'ont fait disparaître de la scène. C'était une véritable hérésie politique, un protestantisme dans son genre. Trahir l'étranger, c'est vil assurément, mais trahir sa famille et le droit national, c'est un crime qui ne se peut qualifier. C'était le cas malheureux de la monarchie orléaniste, c'est-à-dire de la famille des d'Orléans. Je l'ai dit : ce péché originel est anéanti, la tache révolutionnaire est effacée par une noble soumission, et la famille d'Orléans s'est unie aux honnêtes gens pour crier avec patriotisme : Vive le droit et vive la France !

Reste donc la monarchie napoléonienne Étant la plus connue, elle demeure, si possible, la plus dangereuse.

Ai-je besoin de vous dire, mon cher ami, que ce n'est point celle que je vous propose et que je souhaite à la grande nation ? Elle a trop menti à l'Église et trop avili la France. Qu'a-t-elle fait de l'Europe, qu'a-t-elle fait de l'Italie, et surtout qu'a-t-elle fait de la terre de Clovis et de saint Louis ?

Vous me dites quelquefois, vous autres braves gens : Mais Napoléon a fait des routes, il a donc été utile au peuple, donc il n'est pas à dédaigner. Il a fait des routes, c'est bien, et je l'en félicite, et, je vous assure, bien cordialement ; car moi aussi je suis un homme du peuple et veux le bonheur du peuple. Mais, dites-moi, si un homme vous donnait un vêtement et qu'il vous coupât la tête, lui seriez-vous bien reconnaissant, sous prétexte qu'il a donné quelque chose ? Napoléon a fait des routes, mais il a encore plus fait de déroutes ; vous comptez les routes françaises, pourquoi donc oubliez-vous les déroutes européennes ? Il vous a donné un habit, mais il vous a coupé les membres, et vous êtes reconnaissant, et vous désirez son retour ! Merci, mon cher, vous êtes trop brave, mais vous ne connaissez pas votre arithmétique, puisque vous ignorez la soustraction. Il a donné tant, il a enlevé tant : combien reste-t-il ? Faites donc l'opération. — Ah ! mon cher ami, c'est avec une oppression trop légitime que j'examine le bilan de son règne.

Quand je me demande ce qu'il a fait, je trouve toujours cette réponse : l'œuvre de la révolution. Il semblait en combattre les hommes, il ne bâillonnait que les trop pressés, les imprudents, les farouches, tous ceux dont la fougue n'était propre qu'à compromettre sa dynastie et l'œuvre générale de lente corruption. Il entretenait le vrai noyau révolutionnaire, les idées et les principes révolutionnaires. Ouvrier persévérant et pionnier plus ou moins habile de la révolution, c'est tout l'homme, c'est l'empire, c'est la monarchie bonapartiste.

Vous dire combien il a démoralisé nos communes, discrédité les vrais principes, ruiné la religion dans le pays, écarté soigneusement les hommes d'ordre, c'est chose impossible dans une lettre (1). — N'est-ce pas un crime irrémissible d'avoir, pendant près de dix-huit ans, combattu les journaux catholiques à coups de censures, d'amendes et de suppressions, et d'avoir, pendant ce même temps, favorisé et encouragé la création de la plupart des grands journaux qui ont avili et saigné la France ? C'est une infamie ; on ne saurait faire plus de mal à un pays. Et pourtant, ajoutez à la corruption des

----

(1) Consultez l'excellente brochure de notre compatriote, M. Louis Berthet : *Révolution et Monarchie légitime,* page 37, etc.

masses par la presse, la perversion de la
jeunesse par l'enseignement public. Sans
parler des lycées et des établissements
d'Etat, qui semaient habilement le poison
dans l'âme des enfants, n'est-ce pas une
chose horrible que ce monopole de l'U-
niversité française entre les mains des
libres penseurs et des athées ?

Voilà un peuple dont l'immense majorité est catholique ; sur le nombre total,
une infime minorité de mécréants voltairiens — le dernier recensement de la
France l'a prouvé d'une manière écra-
sante, — et voilà que le gouvernement des
Napoléons livre à cette poignée le monopole de cette Université nationale, la
souveraineté exclusive du haut enseignement, c'est-à-dire la clef même des
cœurs et des intelligences ! C'est une vraie
papauté libre penseuse, et la dictature
intellectuelle de la révolution. Consé-
quemment, les enfants de la France catholique, appelés à des vocations supé-
rieures, et devant être plus tard les pre-
miers magistrats du pays, sont condamnés
à subir l'enseignement universitaire.

Et comme cet enseignement est mauvais, athée et révolutionnaire, il en résulte que la jeunesse est forcément em-
poisonnée d'avance, et que l'avenir de la

France est perverti et comme pourri dans son germe. Voilà donc toute la France catholique, c'est-à-dire l'immense majorité des Français, contrainte de subir le joug injuste, écrasant et humiliant de cette minorité abjecte, et d'envoyer l'élite même de la jeunesse à cette école de perversion, tenue par une poignée de scélérats.

Je ne comprends pas que la France ait pu supporter un pareil attentat à la religion et à la morale publique. Et pourtant cela s'est fait pendant des années et des années, par la grâce révolutionnaire des Napoléons Je vous demande s'il est possible de mieux saigner un peuple.

Si au moins il s'était contenté de ruiner la France ; mais non, il lui fallait l'Europe et l'extinction absolue de tous les états chrétiens.

J'ai toujours été surpris que cet homme s'acharnât avec autant de passion à poursuivre les gouvernements catholiques, dont pourtant il aurait dû rechercher l'alliance. J'avoue que mon étonnement était de la naïveté. Notre bonne foi ne pouvait croire à la fourberie, tant les catholiques sont pénétrés de franchise.

Que n'a-t-il pas fait ou laissé faire, en vrai complice, contre l'Autriche catholique, contre les États catholiques d'Italie, et surtout contre le pouvoir catholique de Rome, qu'il a fait renverser en feignant de le défendre ?

On dirait un chancre rongeur poussé par nature à dévorer tout l'édifice chrétien et politique de l'Europe. Quelle conduite insensée ! Il fallait avoir le diable au corps.

Le malheur, c'est qu'il a réussi, et que les gouvernements révolutionnaires ont partout remplacé les gouvernements catholiques. Rien de plus notoire. Il a livré l'Europe à la révolution ; l'Italie, l'Espagne, l'Allemagne, tout a subi la politique malfaisante de ce révolutionnaire couronné.

Et la pauvre France, que pouvait-elle devenir ? Minée à l'intérieur par la corruption à tous les degrés, à l'extérieur par les États devenus maçonniques, formés avec le consentement de l'empereur, elle était le point de mire des sociétés secrètes. On voulait et on devait nécessairement vouloir l'extermination de cette catholique France, comme on voulait l'anéantissement de l'Eglise. Aussi, voyez les événements : Ce sont les États favorisés et applaudis par l'empire qui se sont alliés pour combattre le catholicisme, et qui ont fini par tuer la France. La France est, comme l'Europe, la victime de la révolution, cette bête immonde qu'a engraissée l'empire napoléonien. Et maintenant, paye, citoyen français ; relève les ruines amoncelées, envoie tes milliards aux barbares de la Germanie qui t'ont écrasé ! Tu as été victime d'une monarchie fausse, et maintenant couvre les frais de sa politique révolutionnaire !

Cependant la révolution n'était pas satisfaite des concessions impériales. Les Etats catholiques étaient détruits ou annulés, mais il fallait le coup suprême contre le dernier boulevard de la justice en Europe. La révolution demandait Rome. Après les membres on réclamait la tête ; c'était la logique du mal. Je ne puis vous raconter l'histoire des trames révolutionnaires, ni les roueries et les atroces mensonges du gouvernement français. Qu'il me suffise de vous rappeler la trop célèbre parole de l'empereur aux spoliateurs de l'Italie. Comme on lui demandait Rome, c'est-à-dire la tête du catholicisme, *Allez*, dit-il, *allez*, mais *faites vite*. Et sur la parole de Bonaparte, comme sur celle d'un chasseur qui lance sur sa proie une meute de chiens affamés, les sbires de la révolution sont allés, et ce qu'ils devaient faire ils l'ont trop bien fait. Et aujourd'hui Rome et le pape sont dans les mains des brigands, comme les États de l'Europe sont entre les mains de la révolution.

Voilà, mon cher ami, ce qu'a fait l'empereur. Et on voudrait qu'on oubliât de pareils crimes ? Et l'on nous présenterait encore cet empire ? Et le peuple catholique accepterait ?

Non, non, jamais. Nous nous souviendrons longtemps qu'il a trahi les catholiques, qu'il a ruiné la France, qu'il a jeté nos États à la franc-maçonnerie et qu'il a livré Rome et le pape aux Juifs modernes de la révolution maçonnique.

Loin de les oublier, nous burinerons dans l'histoire ces horribles forfaits, afin que le souvenir en passe à nos enfants et qu'ils le transmettent eux-mêmes, pour les maudire à jamais, aux enfants de leurs enfants.

Telle est, mon cher ami, la triste histoire des Napoléons. Aux fruits on reconnaît l'arbre, et aux œuvres la monarchie de la révolution.

SEPTIÈME LETTRE.

**La Monarchie chrétienne. — Henri V loué
par les républicains.**

Mon cher ami,

Vous pressentez le salut de la France
dans la monarchie, j'en suis sûr, vous
avez trop de bon sens pour ne pas le
voir.

Cependant, comme il en est de fausses
et de perverses, j'ai tenu à vous signaler
celle qui a le plus fait d'illusion sur le
peuple. Nous l'avons jugée sans parti
pris, d'après ses œuvres et ses actes
publics. La sentence contre la monarchie
révolutionnaire des Napoléons est donc
irrévocable.

Que ne resterait-il pas à dire sur l'im-
passe affreuse où elle avait jeté le peuple
catholique et conservateur de la France !
L'empire, par un de ses traits caractéris-
tiques, nous forçait en même temps à le
maudire et à le soutenir : à le maudire,
parce qu'il faisait en grand l'œuvre de la

révolution, c'est manifeste ; à le soutenir,
cependant, parce qu'il empêchait le monstre rouge de nous dévorer d'un seul coup.
Il fallait encore lui savoir gré de cette
lenteur ; c'est le seul bienfait, si on peut
l'appeler ainsi, qui ait pu motiver le vote
plébiscitaire dans le sens affirmatif.

Les catholiques, du moins ceux qui
pensaient ainsi, car ils étaient partagés,
ont donc voté pour l'empire. Faut-il leur
en faire un reproche ? Ils ont cru qu'entre un léopard qui vous dévore en un
clin d'œil et un animal qui vous permet
de vivre en vous mordant, il fallait encore
préférer ce dernier. En un mot, ils ont
suivi cette maxime que je vous défie de
trouver en défaut, savoir : qu'*entre deux
maux il faut choisir le moindre ;* c'est
pourquoi ils ont préféré le rose au rouge,
le despote au sanguinaire et le tyran au
bourreau.

N'est-ce pas d'ailleurs ce que vous faites vous-mêmes dans les cas difficiles de
la vie ? Vous préférez la misère à la mort,
une faible récolte à la ruine, toujours le
moindre mal au plus grand mal. Et
vous blâmeriez ceux qui vous imitent ?
Vous avez donc deux poids et deux me-
sures ?

Ah ! mon cher ami, laissez-moi vous

dire que le peuple, tant déclaré souverain,
donne parfois de fameux coups de pied
à la raison et à la justice. Quand il croit
marcher droit, il titube ; et quand on
exalte sa souveraineté on lui fait avaler
des sottises comme du vin à un ivrogne.
Ainsi, les mauvais sujets vous avaient
fait croire que le clergé avait fait voter le
plébiscite *pour* avoir la guerre ; tandis
que le *but* de ceux qui opinaient pour le
oui, était d'empêcher la révolution et le
monstre rouge de vous nuire et de vous
exterminer subitement, comme ils ont
fait pendant la sanglante Commune de
Paris !

Et vous n'avez pas tenu compte de la
justice ? Et vous n'avez pas vu la contradiction où vous tombiez ? Et vous n'a-
vez pas craint de répéter la sottise et
l'injustice ?

Cela me rappelle l'histoire de certains
huguenots, persuadés que les Jésuites
avaient des pieds de bouc. Ah ! gobe-
mouches et véritable troupe de niais, heureusement que votre bonne foi excuse
votre bêtise !

Mais c'est trop Laissons cette monarchie qui nous a valu tant d'illusions et
tant de maux, qui conduisait plus lente-
ment, c'est vrai, mais non moins sûre-

ment le grand complot de la révolution contre l'Église et contre toute la société chrétienne. Arrière cette race, arrière, vous dis-je ; ni vous, ni moi, nous n'en voulons plus, parce qu'elle porte dans ses flancs impériaux les foudres sinistres de la révolution qui insulte le ciel et brise la société.

Mon cher ami, je plaindrais l'humanité et la France, si nous n'avions point d'autre appui, et si Dieu ne nous avait ménagé d'autres espérances. Nous pourrions alors, comme les Israélites, suspendre nos lyres joyeuses et pleurer sur les rives sanglantes de nos modernes Babylones. Les chrétiens seraient captifs sur la terre de leurs pères ; la révolution tiendrait définitivement contre nous le fouet et le sceptre, et il ne resterait plus aux enfants de l'Eglise qu'à attendre un autre soleil et une autre terre promise.

Mais il n'en est point encore ainsi, quoique le danger soit extrême. Grâce à Dieu et à lui seul, il y a une espérance, et dans cette nuit sombre qu'a faite la révolution, on voit poindre une aurore. Autrefois les croisés, après de rudes épreuves, après des voyages impossibles et des combats inouïs, aperçurent de loin les murs de la ville sainte. Il n'y eut qu'un cri dans l'armée des chrétiens : Jérusalem. Jérusalem !

Nous autres croisés de Dieu et pèlerins de Jésus Christ, voilà bien longtemps que nous sommes les jouets des sociétés secrètes ! Voilà des années que nous sommes les victimes et la risée du monde révolutionnaire. — Naufragés sans appui, nous nous accrochions à toute planche qui paraissait le salut. Tout débris semblait bon, qu'il fût orléaniste ou qu'il fût bonapartiste. On faisait mille efforts, mais en vain ; toujours à l'eau et jamais à flot, nous ne montions que pour replonger dans les abîmes. Nous étions sur la galère de la révolution, ce n'était point le navire de la France.

Eh bien ! mon cher ami, je vous l'annonce, ce navire sauveur et attendu : courage au milieu des tempêtes ! le voici qui vient de l'extrême horizon ! sa course est pénible ; il s'agite dans la haute mer, les flots de la révolution s'irritent, et les vagues bouillonnent contre ses flancs, mais c'est lui, je le reconnais, c'est le pavillon de la France.

Vous l'avez oublié. La révolution l'a peint sous des couleurs mensongères. Beaucoup n'en connaissent plus le nom. Eh bien ! faut-il vous le nommer, à vous, habitants des campagnes, naufragés des Gaules, à vous peut-être qui prenez le requin des abimes pour le vaisseau du salut ! Je vous le dis hardiment, moi, fils du peuple et du travailleur, moi qui ne suis ni noble, ni prince, qui n'ai rien à prétendre et qui d'ailleurs ne désire rien, ce navire glorieux qui apporte le salut, soyons-en fier, il se nomme d'un nom très-incompris de nos jours, mais plein de mérite et d'espérance, il s'appelle avec honneur : la *Monarchie chrétienne* et l'*illustre Maison de Bourbon.*

J'ai nommé l'homme le plus grand et le plus loyal de l'Europe ; l'homme providentiel, Monseigneur le comte de Chambord, Henri V, le noble fils de la Maison royale qui fut la gloire et l'incomparable honneur de la France.

Qu'il vienne, ce roi vraiment *donné de Dieu*, car il s'appelle aussi *Dieudonné,* qu'il vienne, toute l'Europe l'attend ; des âmes languissent, des cœurs soupirent, il y en a des millions qui l'acclament et qui prient !

Ah ! mon cher ami, je le dis avec serment, malheur au peuple s'il ne comprend pas ce caractère royal ! Malheur et malheur à lui, s'il ne favorise sa grande et providentielle mission du salut populaire !

C'est donc lui, Henri V, que je vous propose et que j'entreprends de vous faire accepter. Je ne vous dissimulerai point la peine que j'éprouve, de me trouver dans une semblable situation.

Nous sommes en présence de l'homme le plus remarquable de l'Europe par la loyauté, la franchise et l'honneur. Tout le monde le reconnait, depuis les journaux *blancs* jusqu'à la dernière feuille rouge et républicaine. Le *Journal des Débats*, le *Constitutionnel*, l'*Opinion nationale*, le *XIXe Siècle*, le *Rappel* communard, la *République française* de Gambetta, etc., c'est un concert unanime de louanges (lire de ces journaux les n^{os} fin d'oct. et commenc. de nov. 1873).

L'*Opinion nationale* lui applique ces mots de François Ier : « Tout est perdu, fors l'honneur. »

La *République française* dit qu'il tient son drapeau « *non sans noblesse, ni sans fierté,* » et elle ajoute que la France l'admire et lui conserve « un respect qui sera
« payé avec usure à un prince que son
« éducation et son exil.... nous ont rendu
« étranger, mais qui du moins a su con-
« server, loin de nous, les premières et
« les plus nobles qualités de notre race,
« la franchise et l'honneur »

« Cet homme, dit le *Gaulois*, a préféré
« le suicide au déshonneur, la France
« *entière* aura pour lui le respect com-
« mandé par une si noble attitude. »

C'est prodigieux que ce concert d'ap-
plaudissements et d'éloges. Nous n'avons
plus besoin de louer Henri V, puisque
tous ses ennemis chantent eux-mêmes sa
franchise et sa chevaleresque loyauté.

Si nous étions dans des temps plus
honnêtes, il suffirait de prendre cet homme modèle, ce type d'honneur français,
et de le présenter aux nations étonnées.
Les peuples se précipiteraient à ses pieds
comme un seul homme et lui demande-
raient avec d'enthousiastes acclamations
l'honneur immérité d'être gouvernés par
lui. L'honnêteté est un aimant qui attire ;
comment les Français ne l'acclament-ils
pas avec des cris plus forts que ceux dont
la Grèce fut témoin, et qui firent tomber
d'effroi les oiseaux du firmament ? Henri
V, Henri V, c'est le cri de l'honneur, et
toi, peuple, tu te tais ! Redressons la tête,
noble et fière, et crions avec amour :
Vive le roi et vive la France !

Il est bon de constater tous les traits
qui caractérisent les temps modernes.
Savez-vous bien, mon cher ami, quel est
le grand obstacle à l'avénement d'Henri

V ? Vous ne le devineriez pas, vous autres braves gens du peuple. Vous n'êtes heureusement point encore assez atteints par la contagion du nouveau progrès.

Le grand obstacle, c'est son honnêteté même.

S'il était un peu filou, ce serait notre homme, mais il est trop honnête et trop franc, c'est Moyen-Age, voilà pourquoi on le rejette. Vous croyez peut-être que je vous trompe ? Pas du tout ; vous allez croire l'incroyable. Ouvrez un journal qui n'est ni ultramontain, ni monarchiste, mais républicain pur sang et partisan fanatique de la république en France, le *Journal de Genève*. Ce vrai type de fourberie suisse, en rendant sa pensée, exprime parfaitement celle de tout le noyau libéral français, de ce parti composé principalement de certains grands et petits bourgeois qui manient les capitaux et les journaux, et forment ainsi, pour la pervertir à leur image, l'opinion publique de la France.

En entendant le *Journal de Genève*, vous les entendez tous, c'est assez dire ce qu'ils sont. Ecoutez-le.

« Si l'honneur, dit la feuille genevoise
« après Montesquieu, si l'honneur est le
« fondement le plus solide des Monar-

« chies, *jamais roi ne fut plus digne* de
« gravir les degrés du trône (qu'Henri V).
« Il est impossible de ne pas rendre jus-
« tice à la droiture de son caractère.. ..
« En homme de cœur et en vrai chevalier
« d'autrefois, il veut rentrer dans son
« pays le front haut (c'est-à-dire avec le
« prestige de la dignité et de l'honneur
« français). »

Jusque là, c'est très-bien. Vous en con-
clueriez, vous autres campagnards honnêtes : Donc c'est celui-là qu'il nous faut,
parce que nous voulons être gouvernés
par celui qui a le plus de justice, le plus
d'honnêteté et le plus d'honneur. Vous
parleriez ainsi, parce que vous avez du
bon sens, et surtout de la droiture.

Ah ! mon cher ami, vous ne connaissez
guère les fourbes, les Judas, les Tartufes
du libéralisme bourgeois.

Ces juifs concluent justement le contraire : Il est trop juste et trop franc,
nous n'en voulons pas. Ecoutez encore le
Journal de Genève : « Si l'honneur suffi-
« sait pour faire un bon roi, nul doute
« que la France n'eût trouvé dans le
« comte de Chambord *tout ce qui répond*
« *à cet idéal.*

« *Mais* (admirez cet admirable *mais*, et
« vous me direz si ce n'est pas pendable),

« après que la *révolution* a rasé jusqu'au
« sol toutes ces traditions (les traditions
« d'honneur), le temps ne comporte plus
« la monarchie chevaleresque (c'est-à-
« dire ne comporte plus la franchise et la
« parfaite loyauté).

« Il faut qu'un souverain d'aujourd'hui
« soit entre autres : peu disposé à s'éton-
« ner de rien, d'un caractère souple,
« peut-être un peu sceptique à l'endroit
« des théories, et se tenant de préférence
« sur le terrain des faits. » (*Journal de
Genève*, 1er nove mbre 1873.) C'est-à-dire,
pour expliquer clairement ce qui est con-
tenu dans le journal des Pharisiens, il
faut que le roi soit un voltairien, un homme sans principe, « se tenant sur le terrain des faits ; » un homme qui accepte
les *faits accomplis*, quelles qu'en soient
la nature et la criminalité, qui applaudis-
se par conséquent à tous les vols politiques et dise *Amen* à toutes les coquineries
de la Suisse, de la Prusse et de l'Italie.
C'est l'homme « souple et peu disposé à
s'étonner de rien, » tel que le rêvent le
Journal de Genève et toute la coterie par-
lementaire et libérale de France et de
Navarre.

En d'autres termes, ce qu'il nous faut
pour souverain, d'après eux, c'est un

charmant petit filou libéral, qui ait l'apparence d'un civilisé et le cœur d'un fripon, un véritable gredin en habit d'honnête homme.

Voilà, mon cher ami, la belle théorie honteuse fabriquée par le libéralisme pédant des gros bourgeois, façonnés euxmêmes par la révolution.

Quelle affreuse immoralité ! Comment, en France, l'honnêteté et l'honneur sont des titres d'exclusion ? Un homme serait exclu, parce qu'il est trop honnête ? C'est inouï de bêtise et de corruption.

Ah ! peuple des campagnes, tu n'es pas gangrené comme ces honnêtes escamoteurs dont je viens de retracer la morale !

Au fond tu dis : C'est le plus digne, le plus juste et le plus franc qui doit gouverner la France, et tu as raison ; je t'en estime.

Laisse-moi, cher peuple, te dire un mot et une vérité : Quand tu connaîtras ce tas de coquins qui bannissent l'honnêteté de la France, et qui font de la vertu un cas de proscription, tu saisiras la verge de ta colère, et tu les chasseras, et tu les fouetteras comme un troupeau de filous.

HUITIÈME LETTRE.

Henri V et le progrès matériel.

Mon cher ami,

Vous croyez assez, vous autres, bons paysans, que le comte de Chambord ne va s'occuper que de faire fleurir la religion et respecter la morale dans le monde, et que ce sera tout l'objet de son règne. Plusieurs d'entre vous ne craignent même pas de lui en faire un véritable reproche.

Si vous étiez de vrais chrétiens, j'allais dire de vrais braves gens, vous l'en féliciteriez, car c'est de cela peut être que vous avez le plus besoin. Vous périssez, faute de religion, et vous avez déjà peur du remède ? Ne craignez pas, le bien ne fait jamais de mal, et d'ailleurs, j'ose dire que votre idée — sur le règne d'Henri V — est absolument fausse dans ce qu'elle a d'exclusif. Il ramène non-seulement la religion et la morale, mais encore tout ce qui en découle au point de vue social et matériel.

Henri V ! Mais c'est l'honneur, la justice, la protection des faibles, le développement de nos institutions , l'expansion
du commerce et de l'industrie, et, pour
prendre le jargon moderne, il est le progrès dans toutes les branches à la fois.

La révolution, à l'instar des animaux,
ne cherche qu'à développer le côté pure-
ment matériel d'un peuple ; absolument
comme vous faites à l'égard de certaines
créatures que vous destinez à la foire.
C'est assez humiliant. mais c'est ainsi. —
En revanche, cette marâtre tue la famille
et l'honnêteté, la morale et la religion du
peuple. Elle fait d'une nation une peu-
plade de coquins lettrés, et de l'homme
un animal qui, au dire de saint Paul, se
fait un Dieu de son ventre.

Cette race ne travaille que pour manger, et ne bâtit que pour détruire. Elle
marque ses périodes avec des émeutes.
des assassinats, des incendies ou des per-
sécutions. Son eau bénite, c'est le pé-
trole. Faire sauter la ville de Paris, com-
ploter comme à Lyon, contre le salut de
la France, proscrire le droit et la justice,
comme à Berne et à Genève ; établir la
liste des ôtages, c'est-à-dire des personnes à égorger (sans excepter Mme Mac-
Mahon), c'est toute son histoire ; mais

c'est l'histoire de la révolution et de ses affreuses doctrines. — C'est le travail sans la morale, le développement matériel sans la vertu chrétienne, l'instruction sans l'éducation, le progrès sans la religion ; c'est la ruine, le désordre, la destruction, le carnage et la honte.

Si Henri V ne venait point guérir la France de cette affreuse aliénation révolutionnaire, il pourrait rester chez lui.

Mais, grâce à Dieu, il apporte le remède ; il ne veut plus que nous ressemblions à ces enfants qui font des châteaux de cartes pour ensuite souffler dessus. Je vous l'ai dit, il amène le progrès ; et celui-ci sera réel, parce qu'il sera universel et total. Étudions-en la loi.

Cette condition du progrès matériel est souvent beaucoup mieux comprise du peuple que de ces oisifs charlatans qui discutent dans les livres. Vous le savez très bien, une maison ne prospère pas seulement par le travail matériel. Sans l'ordre, le savoir faire et surtout la bonne conduite, c'est en vain que vous travaillerez. Malgré votre persévérance à l'œuvre, vous déclinerez et vous dégringolerez tôt ou tard et à vue d'œil. C'est une loi du monde. C'est pourquoi nous voyons dans nos villages beaucoup de familles, autrefois comblées de fortune et de bien-être, réduites aujourd'hui à zéro, quand ce n'est pas à la mendicité.

Que leur a-t-il manqué ? Presque toujours la religion et la bonne conduite. Le vice a tout dissipé, tout dispersé, tout englouti ; c'est le grand ennemi du peuple. Le travail amasse, mais c'est la vertu qui conserve. Voilà pourquoi l'ordre moral, garanti par la religion, est, de fait comme en principe, la garantie nécessaire et infaillible de l'ordre matériel et de la prospérité.

Appliquez ce principe à la France, autrefois si grande, aujourd'hui si malheureuse. Que lui a-t-il manqué ? Le travail ? Non, elle a passablement travaillé. L'ordre moral ? Oui, la bonne conduite a fait défaut, le vice avait gagné et dominé, et la morale sombrait dans l'oubli et disparaissait avec la religion. La racine étant coupée, l'arbre périssait et retombait sur le sol et sur l'ouvrier.

Pauvre France, voilà la raison de tes chutes et de tes catastrophes ! Sans la morale et la religion, on a beau travailler, agir matériellement, agrandir les villes, développer les chemins de fer : c'est en vain ! *In vanum laboraverunt* : il faut chuter, il faut tomber, il faut crouler.

Faites, ne faites pas, c'est la loi de Dieu et de l'histoire.

Or, savez vous comment Henri V ramène le progrès et la prospérité matérielle ? C'est fort simple : en ressuscitant ce qui en est la loi absolue, c'est-à-dire l'existence simultanée du travail et de la morale. Il corrige les abus ruineux de la révolution, fait régner en même temps l'âme et la matière, l'esprit et le corps, le perfectionnement intellectuel et spirituel de l'homme, et le développement des choses matérielles, agricoles, industrielles et commerciales.

C'est tout une réforme, et un véritable nouveau monde.

Ecoutez ces paroles textuelles extraites de la *Correspondance* du comte de Chambord (Henri V), page 157 et autres :

« Je n'ai qu'un désir : la gloire de la
« France, sa grandeur, sa liberté... Ren-
« dre la liberté à la commune et à la
« province par la décentralisation... Venir
« au secours des classes pauvres, défen-
« dre les intérêts des ouvriers, rendre la
« propriété foncière à la vie et à l'indé-
« pendance par la *diminution* des char-
« ges (la diminution des impôts, s'il vous
« plaît !) qui pèsent sur elle ; encourager
« **constamment l'agriculture, le commer-**

« ce et l'industrie ; et *au-dessus* de tout
« cela une grande chose : l'honnêteté !
« l'honnêteté qui n'est pas moins une obli-
« gation dans la vie publique que dans
« la vie privée ; l'honnêteté ! qui fait la
« valeur morale des Etats comme des
« particuliers... En un mot, prendre le
« droit pour base, l'honnêteté pour moyen,
« la grandeur morale pour but. »

Telle est, mon cher ami, la politique d'Henri V. Tout cela est tellement beau, royal et paternel, qu'on peut à peine y croire dans nos temps de filouteries ré- volutionnaires. C'est néanmoins le pro- gramme du roi ; et vous pouvez avoir confiance, parce que c'est la parole d'un homme loyal et le serment d'un prince qui n'a jamais trompé la France. Rap- pelez-vous-le : les républicains eux-mê- mes ont rendu homage à sa noble fran- chise. Henri V ne ment pas. Il a préféré sacrifier sa couronne et ne jamais monter sur le trône, plutôt que d'y revenir à l'aide d'un mensonge ou d'un simple malentendu ; la vérité et l'honneur, c'est tout le caractère de ce prince chrétien.

Jugez donc quel essor et quelle puis- sance ce règne surprenant va communi- quer à la vie commerciale et agricole du pays.

Aussi la France paralysée attend ce réveil. Il en sera bien temps. Le commerce languit, l'industrie n'ose produire. Partout on craint cette meurtrière révolution, blottie sous le masque trompeur de la république. Cet état vrai des choses échappe peut-être à certains ignorants du peuple ; mais il n'échappe pas aux grands négociants de France qui, pour cela, gardent leurs capitaux et n'osent, à juste titre, s'aventurer sur le volcan républicain qui nous menace de l'incendie et du carnage.

Voilà, mon cher ami, pourquoi les affaires ne vont pas, et pourquoi elles ne reprendront leur mouvement que lorsque la monarchie aura ramené l'ordre avec la stabilité.

Or, le commerce arrêté, c'est l'agriculture découronnée, c'est la stagnation, le chômage, et en définitive la ruine du paysan. Vous devez le comprendre, pour le campagnard, l'agriculture est tout, mais par le commerce ; et le commerce ne peut exister sans le roulement des capitaux, qui eux-mêmes ne veulent et ne peuvent circuler sans la certitude et la sécurité du lendemain.

La république est nécessairement la mobilité et l'incertitude, puisque c'est la

France livrée aux effroyables bourrasques de l'intrigue et de l'élection. Chaque scrutin est un coup de dé, et personne ne peut répondre du résultat. En France, avec les éléments rouges qui constituent le régime républicain, on peut aboutir et on aboutira à d'affreuses catastrophes. Et vous pensez que cette perspective de l'incertain ne tuerait pas le commerce ? C'est impossible. Cette crainte est la mort de toute industrie ; et puis d'ailleurs, à quoi bon le prouver ? C'est le fait.

Voilà pourquoi (1) les négociants de France appellent la monarchie. Ils savent qu'elle est l'affermissement des bases nationales, la sûreté du lendemain, la durée, c'est-à-dire la condition vitale du commerce et de l'industrie.

Mon cher ami, j'ai cru devoir vous éclairer sur ces questions matérielles, parce qu'elles vous touchent de près. Prenez-y garde, ce sont vos intérêts qui sont en jeu. Tout dépendra du parti et

---

(1) Les plus grandes maisons de commerce à Paris, au nombre de 200, viennent d'adresser une pétition à l'Assemblée pour demander le roi. Beaucoup de villes ont suivi cet exemple. Tous savent qu'il ramène le crédit et l'activité commerciale.

du régime que vous adopterez : ou la république et la ruine, ou la monarchie et
la prospérité. J'en ai dit les raisons.

Vous êtes averti. Tant pis pour vous,
si vous livrez le bien de la France. Vous
devez comprendre qu'il ne faudra pas
venir vous plaindre à moi, vous seriez mal
accueilli.

Je vous l'ai prouvé : Henri V, c'est le
progrès matériel, parce qu'il est la stabilité, et qu'il fera vivre les deux conditions
de la prospérité et du succès durable :
l'honnêteté et le travail.

Vous avez tout intérêt et toute raison à
lui confier le gouvernement du pays. C'est
un acte insensé de ne pas le faire.

Je vous défie de trouver un homme
plus loyal et plus sûr, et vous hésiteriez
encore ? Et vous iriez à une république
qui est la révolution ? Et vous livreriez
la France aux rouges et aux libres penseurs ?

Je suppose que vous soyez propriétaire
d'une belle campagne et que vous vouliez
vous débarrasser du soin d'en surveiller
la gestion.

Qui choisiriez-vous pour remplaçant ?
Est-ce une conscience élastique et libre
penseuse ? Oh ! non, vous n'êtes pas si
bête. Vous prendriez un homme cons-

ciencieux et, si possible, consciencieux jusqu'au scrupule ; un homme enfin, assez délicat pour restituer une obole et une épingle.

Parbleu, vous avez mille fois raison, parce que la conscience est la seule force capable d'empêcher l'injustice et de maintenir l'équité.

Or, je vous le demande, vous auriez bonne façon de choisir pour votre campagne un chrétien à conscience scrupuleuse, et de prendre un agent libre penseur pour gouverner le pays, c'est-à-dire toutes les campagnes de France ? Ignorez-vous donc que la libre pensée est, dans son germe, la négation même des consciences ? Si vous ne le savez pas, je vous l'affirme, et je puis vous le prouver jusqu'à l'écrasement.

Placez seulement un libre penseur à la tête des fortunes, et vous viendrez puis vous plaindre du gaspillage et des impôts. Vous savez ce qui vous attend. Quand on a mis le feu à sa maison, on n'a plus le droit de crier au feu.

C'est pourtant votre alternative : *ou* la république, alors c'est la libre pensée, puisque c'est l'irréligion et la révolution, par conséquent le mépris de la conscience et la ruine.

Ou la monarchie qui ramène la religion, la morale et la justice ; c'est alors
le règne de la conscience, la probité, la
stabilité et le progrès.

Et vous hésiteriez ? Et vous douteriez ?

Nous verrons bien si vous êtes un peuple d'honnêtes gens ou si vous êtes une
nation qui repousse l'honnêteté et accla-
me la canaille.   X.

NEUVIÈME LETTRE.

Henri V et le patriotisme.

Mon cher ami,

Il me tarde pourtant d'en finir avec ces
lettres, déjà trop longues et trop nom-
breuses. J'ai dépassé mon plan ; il a bien
fallu répondre à votre demande sur la
grande question du jour.

Je vous ai donc proposé une solution
monarchique. Elle est évidente ; si vous
ne croyez pas à ma parole, vous ne pouvez reculer devant les raisons que j'ap-

porte. Les faits retentissent comme des coups de tonnerre.

Je vous l'avoue avec la droiture de ma conviction. Je ne comprends pas qu'un Français et un catholique puisse hésiter un instant. Que les rouges trépignent, que la crapule bondisse et regimbe contre une restauration chrétienne, c'est naturel, puisqu'ils ont horreur du bien comme la nature du vide ; mais que des catholiques et des Français repoussent une monarchie chrétienne et nationale, c'est pour moi l'incompréhensible et le mystère, parce que c'est l'affreux contre-sens de l'absurde.

Alons, gens du peuple ! Ignorez-vous donc qui a créé la France et son honneur ? N'avez-vous jamais su qui a bâti l'édifice national dont vous êtes si fiers ? Si vous, Français, vous occupez la plus grande place de l'histoire, et si votre nom n'a point d'égal sous le soleil, au moins jusqu'à la Révolution, savez-vous à qui vous le devez ? Car enfin, il ne vous est pas permis de manquer à la reconnaissance, qui est un devoir, et un devoir de justice. Vous le devez, mettez bien cela dans votre mémoire, vous le devez *uniquement* à la monarchie chrétienne. Elle a fait votre *ruche* et elle vous a logé dedans ; et par

surcroît, elle a posé sur votre front une
auréole d'honneur que tout le monde vous
envie.

Et tout cela n'est rien pour vous ? Et les
chefs de la Maison qui vous a ainsi dotés
seraient chassés du trône et de la « ruche »
d'honneur qu'ils ont faite et illustrée ? Et
ce seraient là votre vertu et votre reconnaissance ? Non, je ne puis digérer cette
monstruosité populaire. Ma conscience s'y
refuse ; il faut que je la rende aux immondices.

Mon cher ami, rappelez-vous-le bien, et
pour toujours : sous la monarchie chrétienne, la France était la première nation
du globe ; et sous le régime révolutionnaire (bonapartiste ou républicain, qu'est-
ce que cela me fait ?) elle a baissé jusqu'au
déshonneur et à la honte ; c'est l'histoire.
Si après de tels faits vous ne tressaillez
pas pour la monarchie glorieuse ; si vous
rappelez, au contraire, sous la forme républicaine, cette révolution qui vous a fait
lécher les bottes d'un Prussien, alors, mon
cher ami, effacez de votre front le rayon
national, parce que vous n'êtes plus digne
d'être appelé un fils de la noble France.
On n'a jamais vu une nation convertir en
sceptre le bâton qui l'a frappé ; ce serait
le miracle infernal des temps modernes.

Je pense, mon cher ami, que vous êtes assez éclairé pour comprendre ce grave motif. Il est puissant, invincible comme la vérité. Cependant il y en a un autre, plus frappant encore, et qui éblouit comme la foudre ; il peut faire voir les aveugles.

Savez-vous bien quel est celui en Europe qui redoute le plus Henri V et lui préfère la République ? C'est fort curieux à étudier.

Il en est d'une grande nation comme d'une famille : elle a ses amis et ses ennemis. Or, je vous le demande, dans une circonstance grave pour votre fortune, iriez-vous implorer les conseils de ceux qui ont juré votre perte ? Évidemment non ; vous avez trop d'esprit quand il s'agit de vous-même ; vous prendriez ces conseils pour des embûches et vous vous défieriez, avec raison, de tout ce qui vient de cette source malsaine.

Or, mon cher ami, vous ne voyez pas que les plus mortels ennemis de la France et de votre religion lui souhaitent la république ?

En voulez-vous la preuve ? Passez le Rhin, allez en Prusse et demandez au grand maître, qui désire vous étrangler, s'il vous souhaite la république ou Henri

V ? Ce qu'il veut, ce monsieur ? Tout simplement la république. Il y a deux mois (fin d'oct. 1873), lorsqu'on traitait cette question en France, tous les journaux de Berlin criaient : A bas Henri V et vive la république ; en d'autres termes ils appuyaient Thiers et la gauche contre la droite. Pourquoi cela de la part de Bismark ? Est-ce parce qu'il souhaite la prospérité et la grandeur de la France ? Vous n'êtes pas assez toqué pour le croire. Il est trop malin et trop anti-français, celui-là, pour désirer le progrès de sa rivale. Il lui souhaite la république, *parce qu'il lui souhaite la mort.* Il veut qu'elle meure et il indique le poison mortel. Il vous le présente, ce poison, et vous ne le voyez pas ; et après Bismark et toute sa claque de journalistes, vous criez aussi et plus fort : Vive la république ? Je vous dis que c'est pendable, et que Satan doit joyeusement brailler dans les enfers.

Mon cher ami, ayez un peu plus de patriotisme ; n'allez pas demander à vos ennemis comment il faut refaire votre fortune, ni aux Prussiens comment il faut gouverner la France. Si vous êtes encore Français, vous devez comprendre que le meilleur gouvernement est celui que redoutent davantage nos plus acharnés adversaires.

Bismark en a peur, donc je dois acclamer la monarchie avec un enthousiasme qui fasse trembler l'empire germanique. En dehors de là, le patriotisme est un mensonge, s'il n'est pas une trahison. Ouvrez donc les yeux, et entendez le grondement des foudres allemandes. La Prusse arme tous les jours, en comptant sur la république pour nous détruire. Le péril est imminent. Devant un pareil danger, tout Français qui ne sacrifie pas ses goûts personnels en faveur de la patrie, celui là est un Prussien et un traître. La patrie! la patrie! mon ami, c'est, après Dieu, le premier cri du catholique et du Français.

En face de pareilles considérations tout à fait majeures, je ne m'explique pas ces objections d'insensés qu'on fait avaler à notre pauvre peuple... souverain! Alors, mon ami, vous vous laissez donc tout dire? On agite des chiffons et vous fuyez devant ces guenilles. On vous crie : les corvées, les dîmes, la guerre et le règne des nobles par Henri V, et vous répétez ces bêtises avec un aplomb de Mangin débitant ses crayons? Je suis profondément humilié du rôle infâme que vous font jouer tous ces comédiens de la révolution. De grâce, faites respecter l'honneur du paysan qu'on bafoue.

Voulez-vous entendre la réponse d'Henri V lui-même à ces mensonges de pantins ?

« Je ne serai pas le roi d'une seule classe, mais le roi ou plutôt le père de *tous* ; j'appelle *tous* les dévouements, *tous* les esprits éclairés, *toutes* les âmes généreuses, *tous* les cœurs droits, dans *quelque* rang qu'ils se trouvent et sous *quelque* drapeau qu'ils aient combattu jusqu'ici, à me prêter l'appui de leur lumière et de leur bonne volonté.

« Loin de repousser personne, je serai heureux, au contraire, d'accueillir *tous* les hommes utiles. — Comment tolèrerai-je des priviléges pour d'autres, moi qui ne demande que celui d'être à la peine, avant d'être à l'honneur ?

« Enfin, je ne serai point un parti, *je ne veux pas revenir* pour régner pour un parti ;

« Telles ont été dans tous les temps et telles sont encore mes dispositions et mes vues. Dites (à la France) que je ne l'ai jamais trompée et que je ne la tromperai jamais. »

(Voir *Correspondance du comte de Chambord.*)

Est-ce catégorique, oui ou non ? Henri V est-il loyal, oui ou non ? Si vous ne

comprenez pas cette magnanime franchise, je vous plains. Je vous défie de rê-
ver, à plus forte raison de trouver, un pareil programme de gouvernement dans
n'importe quelle monarchie et dans n'importe quelle république en Europe. C'est
sublime jusqu'à l'idéal, mais c'est tout
simplement chrétien.

Ne venez donc plus me parler de corvées, de dîmes et de toutes ces sottises
qu'on fait pleuvoir sur des têtes d'enfants.
Si jamais paillasse venait me servir de telles choses, je serais tenté de lui présenter
mon cothurne là où finit le paletot. Ah !
s'il vous plaît, n'essayez pas, il y a des
mensonges qui me font bouillonner.

Quant au prétendu règne des nobles,
croyez-en à la déclaration de « *celui qui
n'a jamais trompé la France.* » Il ne le
veut pas, sa parole est un serment.

D'ailleurs, mon cher ami, je suis un
fils du peuple, et un fils du peuple ne
travaille pas contre lui-même. Je le dis
en face de Dieu et de ma conscience, je
veux un roi pour le peuple et pour la
France. Mais un autre ? Non !

Vous craignez l'impôt et la guerre ?

Ignorez-vous donc que dans la république genevoise, même sans la guerre, le
paysan est aussi lourdement et, me dit-on,

plus lourdement imposé qu'en France?
Vous rêvez quand vous croyez qu'une
république allége le fardeau officiel. Encore une fois, regardez la république de
Genève. Ce fait me dispense de bien d'autres choses.

Du reste, il y a un raisonnement bien
simple, l'impôt et la guerre doivent être
réglés par la justice, c'est un double cas
de conscience.

Placez à votre tête un gouvernement
républicain ou libre-penseur (en France
c'est tout un), sa conscience est nécessairement et logiquement aussi libre que sa
pensée, ce sont deux pièces de caoutchouc.
Donc le gouvernement ne sera point gêné
dans ses opérations, en matière d'impôt
et de guerre. Le caoutchouc ne gêne pas,
il plie, c'est une conscience libérale, un
cœur léger, rien n'est plus complaisant.

Enlevez la conscience chrétienne, vous
détruisez le régulateur de la justice. Ah !
brave paysan républicain, vous êtes charmant, vous enlevez le balancier de l'horloge pour la rendre plus libre. Courage,
je vous promets qu'elle marchera mieux !!

Ne voyez vous pas que la seule garantie
d'un gouvernement c'est la conscience ?
Ne voyez-vous pas qu'une conscience libre penseuse n'est qu'un morceau élas-

tique et que toute vraie conscience est avant tout chrétienne et religieuse ? Arrachez seulement ce balancier à l'horloge de la justice gouvernementale, et vous verrez, gros benêt, comment ça ira bien.

On vous effraie aussi quelquefois, avec le *drapeau blanc*, qui doit remplacer le tricolore. Savez-vous bien que le parti révolutionnaire, sous le nom trompeur de libéralisme, enseigne que le vrai et le faux se valent, que le bien et le mal se valent et que par conséquent toutes les religions se valent? C'est pourtant leur grand système. Or, le drapeau de cette libérale ânerie, c'est le tricolore ; trouvez-vous cela joli ?

Je ne veux pas disserter longtemps sur les couleurs ; je vous rappelerai seulement le proverbe de ma vieille grand'-mère, en fait de multicolore et de tricolore. « Quand vous avez du linge à plusieurs couleurs, disait-elle, mettez-le à la lessive, pour en faire du linge blanc, c'est le signe d'une bonne maison. »

C'est pour cela, mon cher ami, que j'ai un faible pour le drapeau blanc. N'êtes-vous pas de mon avis? Quant à moi, je m'en tiens à la couleur de ma vieille grand'mère.

— Mais c'est assez sur toutes ces objec-

lions et sur tous les mensonges de la
sottise humaine.

Mon cher ami, voulez-vous un conseil?
Faites-vous respecter de ces pantins qui se
moquent de vous.

Aimez la France, puisqu'elle est notre
mère et notre patrie. C'est la monarchie
chrétienne qui l'a crée, c'est elle qui l'a
honorée.

Bismark ne veut pas d'Henri V, Bismark craint le restaurateur de notre
antique gloire. Citoyens, êtes-vous avec
lui, contre le roi et contre la France?
Alors effacez de votre front le rayon patriotique ; je ne reconnais plus en vous
qu'un Prussien et un Gaulois de la franc-
maçonnerie.   X.

DIXIÈME LETTRE.

Henri V et la religion.

Mon cher ami,

Avez-vous bien suivi le déroulement
de mes principes sur la grande question
à la fois française et européenne? Si vo-

tre logique vous a permis d'en saisir les fils, vous devez comprendre maintenant la haute importance de la déclaration courageuse que Pie IX vient de faire dans l'Encyclique du 21 novembre 1873. Ecoutez ces paroles solennelles qui doivent faire trembler les peuples catholiques : Il y a, dit le pontife, une grande conspiration qui s'attaque de toutes parts à l'Eglise de Dieu. « Cette synagogue de « Satan, qu'elle s'appelle maçonnique ou « d'un tout autre nom (en France, elle « s'appelle libérale et républicaine), dé- « ploie ses étendards et livre combat. « Dès le commencement les souverains « pontifes ont dénoncé aux rois et aux « peuples ces sectes abominables.... et « plût à Dieu, ajoute-t-il, que ces ensei- « gnements de l'Eglise eussent été mieux « écoutés ! »

Malheureusement pour eux, les peuples et les rois ont fait la sourde oreille ou n'y ont rien compris. Et qu'en est-il résulté de cette stupide ignorance dont beaucoup sont encore atteints? C'est le pape qui nous l'indique. Il en est résulté que la franc-maçonnerie, cette tête de la révolution, est devenue « toute « puissante et maîtresse... qu'elle a ob- « tenu ce qu'elle souhaitait, à savoir d'ê-

« tre à la tête des gouvernements dans
« plusieurs pays, et qu'enfin elle se sert
« de la force des Etats pour opprimer
« l'Eglise, la réduire à l'esclavage... la
« faire défaillir et tomber et de l'*exter-*
« *miner, si possible, par toute la surface*
« *du globe.* »

Aussi, que fait-elle en Suisse, à Genève,
à Berne, puis en Italie et en Prusse ? En
Italie, elle asphyxie le pape ; en Prusse,
elle condamne les évêques : celui de Bres-
lau vient de recevoir une amende de
45,000 francs ; en Suisse, après la guerre
au clergé, elle emprisonne en masse les
simples fidèles dans le Jura bernois, à
Courgenay, à Porrentruy ; vole les églises,
chasse les catholiques, séquestre leurs
biens comme à Délémont, répand partout
la terreur et la honte... C'est un carnage
d'enfer.

Voilà bien la conséquence signalée par
Pie IX. L'entendez-vous, peuples imbéciles
qui ne savez pas même recevoir la lumière
quand elle vous arrive ? Voyez-vous maintenant les résultats de votre affreuse ignorance et de votre plus affreux petit orgueil
qui ne veut rien entendre ? Vous n'avez
pas voulu voir la lumière, eh bien, sentez
maintenant le double écrasement de l'impôt et de la persécution.

J'ose vous dire que vous êtes souvent trop superficiels, vous autres bons paysans. Vous ne regardez que l'effet actuel et la promesse du moment, et, franchement, pour la plupart, vous ne voyez pas plus loin ; les causes vous échappent comme les suites, et c'est quand la maison brûle que vous criez : Au feu !

Ah ! je vous connais bien, et il y a longtemps. Tous les jours je vois maître Pierre en sabots et en sarrau gesticuler sous son bonnet à pic, et discuter politique ou religion avec la fureur d'un diable au bénitier. Pauvre Pierre, à part ta bonne foi, en ces questions tu n'es souvent qu'un Pierrot.

Le plus grand de tes ennemis se couvre d'un visage de carton, il t'aborde en ce costume de faussaire, et tu prends cette peau de loup pour une figure d'ange ; et tu le crois, et tu cours les auberges pour louer cet animal ? Allons, Pierre, ne cours pas tant les maisons, si tu ne veux pas courir les champs.

Oui, mon ami, la forme républicaine n'est en France que le faux visage du diable, c'est le gant qui recouvre la griffe maçonnique, c'est l'accoutrement de la révolution rouge et anti-chrétienne.

Si vous voulez combattre Dieu et l'Eglise, acceptez sa main, alors je vous reconnaîtrai de l'esprit... pour le mal. Mais, si vous acceptez le monstre sous un visage républicain, et que vous ne croyiez faire de mal ni à Dieu, ni à la religion, ni à votre conscience, alors, je vous le dis, vous êtes un bœuf ou un Pierrot.

Mon cher ami, vous me pardonnerez ma franchise et ma brutalité. Pour moi, un ange est un ange, et un chien est un animal. C'est pourquoi je vous le montre du doigt et vous dis : Regardez cette bête qui veut mordre le chrétien, elle porte le masque de la république. Oui, c'est cela pour la France et pour l'Espagne ; quoiqu'en Italie comme en Prusse elle porte toujours le casque de la monarchie.

Or, que fait-elle, cette hydre révolutionnaire, que veut elle, s'il vous plaît ? Si vous savez ce qui se passe en Europe, notamment dans les pays cités plus haut, vous devez comprendre que la révolution, même sous le masque républicain, vous persécute vous ou vos frères, et que par conséquent vous *devez* la rejeter ; si, au contraire, vous ne le savez pas, alors pourquoi vous occupez-vous de politique ? Vous parlez donc sans savoir ce que vous dites ou ce que vous désirez, puisque vous ignorez ce qu'il faudrait savoir pour en juger avec compétence.

Entendez-le bien, mon cher ami, le temps de l'enfantillage est passé ; il faut marcher ou être pris, marcher dans la voie monarchique ou être pris dans la bagarre de la république rouge, et être enlacés dans les filets de nos plus grands ennemis, comme une mouche dans une toile d'araignée. Il n'y a pas d'autre choix pour vous, parce que vous êtes entre deux armées et comme entre deux mondes. Le milieu est la mort ; il faut opter ou pour l'un ou pour l'autre : ou pour la révolution, qui veut l'écrasement du catholicisme, ou pour le parti catholique, qui se défend contre les roueries de la révolution. Encore une fois, plus de milieu possible.

Voulez-vous être avec nous, ou voulez-vous tirer sur nous ? C'est le moment de se prononcer ; car la neutralité n'est plus de saison, nous n'en voulons plus et nos adversaires encore moins. Si vous voulez faire feu sur nous et tous vos frères catholiques, je vous l'ai dit, faites-vous républicain, alors vous devenez soldat de Satan contre la religion. Je ne connais pas de plus effroyable crime, c'est Judas qui trahit son maître. Si vous voulez être avec nous, et demeurer un membre glorieux de la grande phalange de Jésus-Christ sur la terre, vous devez alors, mon cher ami, vous incorporer à cette famille de Dieu, agir comme elle et penser comme elle. Or, le doute n'est plus possible. Tout le parti catholique de France, de l'Europe et du globe marque son mouvement actuel par un appel à la monarchie chrétienne, que représente Henri V. — Jusqu'à présent, il nous manquait un homme et un Etat pour nous grouper, nous catholiques disséminés sous le ciel. Or, cet homme est là avec un gouvernement tout prêt. Pour l'appeler, il suffit d'un signe populaire. Le salut ne dépend que de nous. Henri V, c'est la vie et c'est l'avenir.

Vous allez peut-être me dire : Oui, mais Henri V nous amène la guerre avec l'Italie et nous ne voulons pas la guerre. Telle est votre objection et voici ma réponse.

Ah ! vous êtes honnêtes, vous, certains campagnards et certains catholiques. — Votre père est dans les fers ; en lui, on blesse votre honneur, votre dignité et votre liberté, et vous dites : Je veux un gouvernement à une condition, c'est qu'il ne délivre pas mon père, et qu'il ne sauve pas mon honneur ; oui, vous le dites, en faisant votre objection. Eh bien ! je vous réponds hardiment , si telle était l'opinion générale des catholiques et des Français, je m'éloignerais d'eux , parce que je rougirais d'être avec de pareils crétins. L'objection est tout à fait honteuse. Elle ne mérite pas même les cornes d'un honnête homme. Si je savais que ce fût là votre dernier mot, j'abandonnerais mes explications et j'attendrais avec impatience le fouet qui doit châtier les fils trahissant ainsi leur père — Mais telle n'est point votre pensée ni la mienne. C'est pourquoi je me hâte de vous dire que le règne d'Henri V ne ramènera, pas la guerre, mais la préviendra si c'est possible. La limite d'une lettre ne me permet pas de développer. Qu'il me suffise de vous dire qu'Henri V n'aura pas besoin d'attaquer l'Italie pour faire lâcher prise à cette morveuse qui assassine le pape et nos frères, il n'aura qu'à se tenir debout et attendre. Cette poitrinaire est rongée par la dent du mensonge, elle est saignée à l'oreille, ce n'est plus qu'une affaire de temps. On n'assomme pas une incurable, on prend patience et c'est tout ; la délivrance est proche, le malade tombe *de lui-même* et de son mal, et s'en va *al fondo*. Ce n'est pas plus malin que ça.

Où voyez-vous donc la guerre ? Elle n'est que dans la bouche des menteurs de la révolution ou dans votre faible cerveau. Allons, ne vous laissez plus prendre à la glu de ces charlatans et de tous vos culoteurs de pipes.

Comprenez-vous bien, mon cher, pourquoi la canaille calomnie ainsi le règne d'Henri V, et pourquoi la franc-maçonnerie s'acharne à le dénigrer ? C'est fort simple. Ils savent qu'il ramène la justice et l'honnêteté ; ils savent qu'il va devenir la tête d'un grand parti catholique, non-seulement français, mais européen, mais universel. *Tous* les catholiques d'Allemagne, et surtout de la Prusse, *tous* ceux de la Suisse et de l'Italie, il faut ajouter *tous* les catholiques du globe attendent et appellent à grands cris ce grand événement. Ce sera une puissance prodigieuse pour la France et pour le christianisme, que ce parti colossal qui est en train de se former. Henri V en est la clef de voûte et le chef attendu. C'est divin, tant c'est immense ; il y a de quoi faire sécher la Prusse et les hordes voltairiennes de Satan. Aussi quelle colère et quels efforts pour l'empêcher de venir ! Tous les francs-maçons, tous les hérétiques, tous les apostats malpropres, tous les honteux tyranneaux de la Suisse, internationaux et persécuteurs, rougeaille et canaille, n'ont qu'un cri de colère et une rage d'enfer contre le roi très-honnête et très-chrétien. Cela se comprend, mais ce qui ne s'explique pas, c'est qu'un catholique et un Français puisse adhérer à cette armée d'Antechrists et de Prussiens. — Les camps sont tranchés et la lumière est faite. Donc, mon cher ami, et c'est là ma conclusion, appelez Henri V, organisez-vous dans vos communes pour faire venir immédiatement ce grand roi, ce grand protecteur catholique, cette grande franchise et cette grande honnêteté.

Organisez-vous, parce que la grande ennemie se prépare à vous terrasser. N'attendez pas le dernier coup, car ce sera trop tard.

Catholiques, soyez intelligents. Les francs-maçons veulent être conduits par des francs maçons, les protestants par des protestants, les mauvais par un des leurs. Et vous, vous ne voudriez pas être gouvernés par un catholique ? Ce serait le comble du crime et de la folie (1). Les

______

(1) Ne m'objectez pas Mac-Mahon catholique. Je vous réponds qu'il a contre lui toute la gauche, c'est-à-dire la république de France. Il n'est appuyé que des royalistes.

mauvais vous croient capables de cet acte indigne. Catholiques, vengez votre honneur outragé. Montrez que vous avez encore de l'esprit et de la fierté, du patriotisme et de la religion, et terminez les débats par un cri sublime qui fasse vibrer les cieux et trembler les enfers : *Arrière la république, parce qu'elle est la révolution ! Vive la monarchie, parce qu'elle est catholique et française !*

Mon cher ami, tel est mon dernier mot ; que ce soit aussi le vôtre, et que la nouvelle année qui s'ouvre ne se referme pas sans avoir donné à la patrie celui qui peut seul rétablir son honneur et réparer ses désastres.

Que le bon Dieu entende nos prières, et que la Vierge immaculée se souvienne de la France !

Adieu, cher ami, je vous salue et je vous souhaite une bonne année

Y..., le 6 janvier, fête des Rois Mages.

TABLE